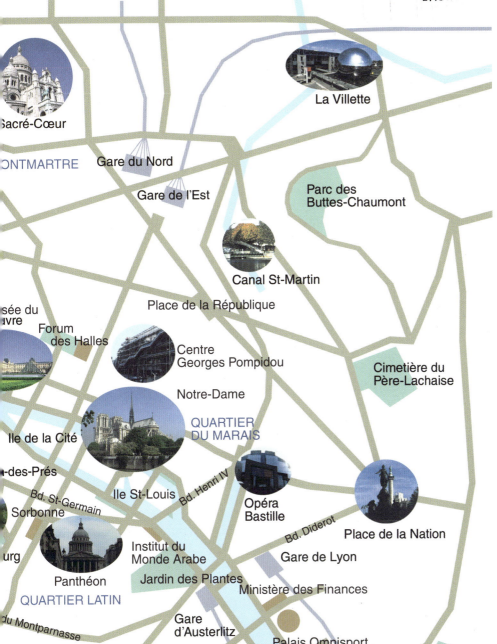

PETITES CONVERSATIONS
フランス語

Loïc Roguès

本書の音声は、下記サイトより無料でダウンロード、およびストリーミングでお聞きいただけます。

https://stream.e-surugadai.com/books/isbn978-4-411-00834-3/

また音声は下記の専用ホームページからもお聞きいただけます。

本書のホームページでフラッシュカードや練習問題へアクセスいただけるようになります。
是非、学習にお役立てください。

Shio Asami
協力

Livio Cerfolli
イラスト・表紙デザイン

Loïc Roguès
デザイン

はじめに

　この教科書は、学習者がフランス語の基礎をスムーズに学べることを目的として作られました。タイトルの通り、本書はシンプルで短いフレーズを使った会話からなっているので、フランス語でコミュニケーションを図る上で最も不可欠となる基礎構文を学習することができます。

　そのため、本文中では敢えて取り上げていない人称代名詞や動詞の活用があります。なので、驚かれる学習者もいらっしゃるかもしれません。そこで、安心して本書をご利用いただくために、全ての主語人称代名詞とその活用を巻末のleçons++に記載しました。leçons++の学習は任意ですので、必要に応じお役立てください。

　先生方には、学習者の興味や意欲を促せることがありましたら、本書で扱っていない項目も、授業で積極的に取り入れていただきたいと願っています。本書は、文法や語彙といった外国語の基礎固めに効果のある構造主義を取り入れ、コミュニケーション能力と外国語運用能力を培うことを最大の目的としています。

　シンプルで短いフレーズを使うことは、言葉を疎かにしているイメージがありますが、決してそうではありません。むしろ、短い学習期間の中でもさまざまなシーンで話されるフランス語に触れられるほか、文法や語彙を着実に身につけ、とりわけ発音と綴りの規則に関する知識を養うことができます。本書では、学習者がより発音しやすく理解しやすいよう、音韻論上の表記のほか、以下のような表記を用いました。

❖ 太字の複合母音は、一つの音として発音されます。例：« b**on**jour »

❖ グレーまたは薄い色で書かれた綴り字は、発音しません。例：« salut »

❖ 男性形は青、女性形は赤、複数形は緑で表しました。

Avant-propos

　Ce manuel se veut une entrée en douceur pour une initiation à la langue française. Constitué de petits dialogues simples, comme l'indique son titre, il présente les structures élémentaires permettant les prémices de la communication en langue cible.

　D'aucuns pourront s'étonner de l'absence de certains pronoms et de leurs formes verbales. Qu'ils se rassurent, ils sont bien présents, mais simplement placés en fin d'ouvrage dans les leçons+ ; ces leçons sont facultatives, libre à chacun d'y recourir ou non.

　De manière générale, tout ajout ayant pour but de susciter l'intérêt des apprenants et ainsi d'accroître leur motivation, ne peut être qu'encouragé. L'orientation structuraliste du manuel offre une base solide qui doit être mise au service d'objectifs communicationnels ainsi que de la réalisation de projets.

　Les simplifications ne trahissent pas la langue, au contraire, elles permettent tout en s'appuyant sur une progression rigoureuse, non seulement de faire découvrir une variété de situations en un temps d'apprentissage limité, mais aussi de mettre en évidence certaines régularités, notamment phoniques, de la langue cible. Ainsi, le recours aux signes phonologiques et à des astuces typographiques permettront de faciliter la lecture et la compréhension :

❖ Les voyelles composées (un seul son) sont en caractères gras. Ex : « b**on**jour »

❖ La couleur des lettres non vocalisées sera grisée ou atténuée. Ex : « salut »

❖ Le masculin, le féminin et le pluriel seront respectivement en bleu, rouge, vert.

Leçons	Savoir dire・言う	Grammaire・文法
	Dans la classe 1　よく使用する言葉1	
p.7		
Leçon 1 p.8	・国籍 (1) を言う ・スペリングの規則 ・数字 1→5	・«être» / «s'appeler» → «je»を主語に ・男性形と女性形 (-ais → -aise)
Leçon 2 p.12	・国籍 (2) と職業を聞く ・oui / nonで答える ・数字 6→10	・«être» → «tu» を主語に ・男性形と女性形 (その他の変化) ・ピリオドと大文字、小文字の使い方
Leçon 3 p.16	・名前を聞く ・住んでいる所を聞く・言う	・アポストロフ（エリズィオン） ・«s'appeler» «habiter» → «je» / «tu» を主語に ・疑問詞 «comment» / «où»
Leçon 4 p.20	・人を紹介する ・話せる言語を聞く・言う ・数字 11→15	・アンシェヌマン ・«-er»動詞 «parler» «habiter» と «être»* 　→ «je 〜 elle» / «ce»*を主語に ・疑問詞 «qui»
p.24	ゲーム　海賊船ゲーム	
p.25	フランスの街　C'est où ?	
Leçon 5 p.26	・否定文で答える ・数字 16→20	・否定文の作り方 ・不定冠詞 «un» / «une» ・エリズィオン
Leçon 6 p.30	・年齢を聞く・言う ・曜日 / 科目 ・時間割を聞く・言う ・数字 21→30	・«avoir» → «je 〜 elle» を主語に ・疑問詞 «quel» ・リエゾン
p.34	復習1　RÉVISIONS 1	
p.35	文化　フランス語圏	
Leçon 7 p.36	・体調を伝える ・数字 31→40	・«tu» / «vous»と、«on»の使い方 ・«avoir» と «être» → «on» / «vous» を主語に ・形容詞

Leçons	Savoir dire・言う	Grammaire・文法
Leçon 8 p.40	• 物 (1) • 値段を聞く • 買い物（パン屋で） • 数字 41 → 50	• 不定冠詞+名詞 • 「これは何ですか？」「これはペンです。」 • 疑問詞 «quoi» と «combien»
p.44	復習2　RÉVISIONS 2	
p.45	Cahier de vacances	
Leçon 9 p.46	• 物 (2) • 中に？上に？	• 不定冠詞と定冠詞 • 「〜があります。」 • «combien de 〜 »
Leçon 10 p.50	• 好みについて話す • 数字 51 → 60	• «aimer» → «je 〜 vous» を主語に • «est-ce que»で作る疑問文
Leçon 11 p.54	• スポーツについて話す • いろいろな動詞の原形	• «préférer» → «je 〜 vous» を主語に • «ou»
Leçon 12 p.58	• 家族について話す • 数字 61 → 70	• 所有形容詞 　«mon / ma / mes / ton / ta / tes / son / sa / ses»
p.62	復習3　RÉVISIONS 3	
p.63	«-er»動詞の活用　Conjugaisons	
Leçon 13 p.64	• 時刻、電車の切符を買う • 学校の時間割を聞く・言う • 数字 71 → 80	• « Je voudrais aller 〜 » • 疑問詞 «quand»
Leçon 14 p.68	• 料理 (1)と飲み物 • カフェで注文する • 数字 81 → 90	• « Qu'est-ce que c'est ? » • «je voudrais» + 名詞 / + 動詞の原形
Leçon 15 p.72	• 料理 (2) • 食材を買う • 数字 91 → 100	• 部分冠詞 • 不定冠詞と部分冠詞の否定形
p.76	Dans la classe 2　よく使用する言葉2	
p.77	LEÇON 1+　〜　LEÇON 14+	
p.91	Exercices supplémentaires de compréhension orale　巻末聞き取り問題	

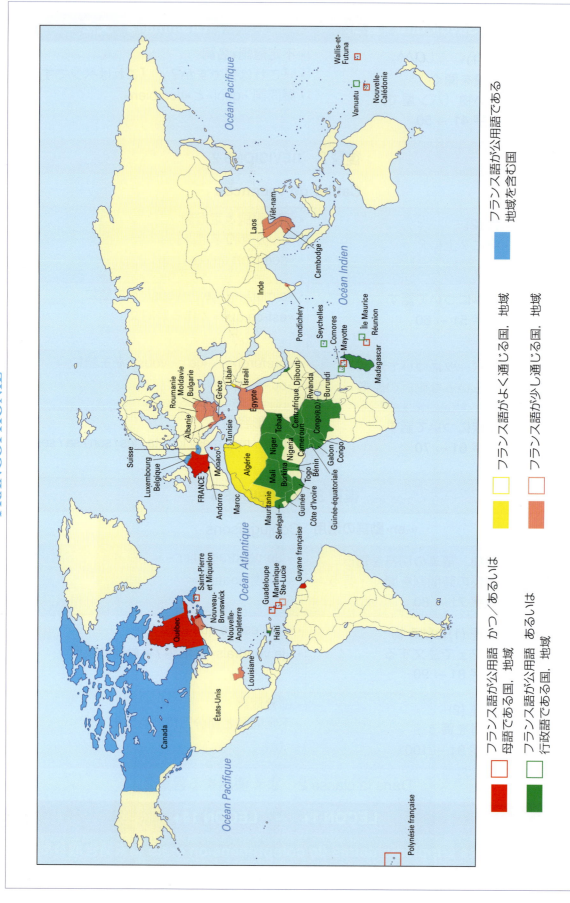

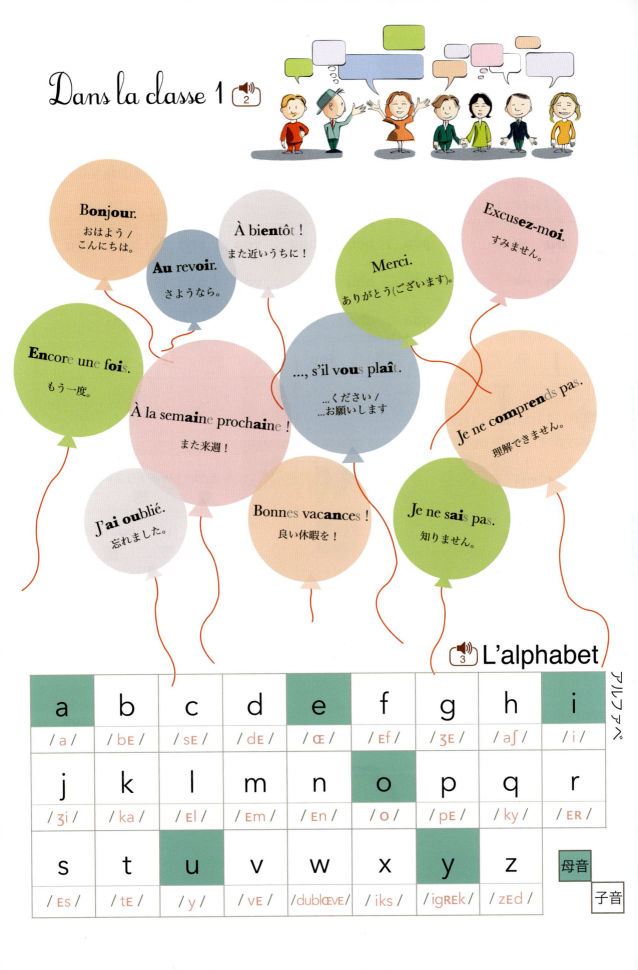

Leçon 1

🎵 Lire 1 読みましょう。

ou	→	/u/ :	p**ou** , b**ou** , n**ou** , v**ou** , s**ou** , t**ou** , j**ou**
on	→	/õ/ :	p**on** , b**on** , n**on** , v**on** , s**on** , t**on** , j**on**
ch	→	/ʃ/ :	**ch**a , **ch**o , **ch**ou , **ch**on , **ch**e , **ch**i
j	→	/ʒ/ :	**j**a , **j**o , **j**ou , **j**on , **j**e , **j**i , **j**u

▶ Grammaire 文法

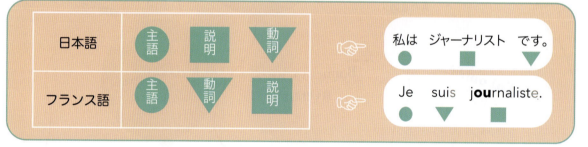

▷ Écouter et répéter 1 よく聞いて繰り返しましょう。

B**on**j**ou**r,
je m'appelle L**ou** :
L.O.U.

B**on**j**ou**r,
je m'appelle Gast**on** :
G.A.S.T.O.N.

Parler 例にならい右の名前を使って会話しましょう。

例	ⓐ
Yuko	Seiji
Yvon	Haruna

ⓑ	ⓒ
Isabelle	Fatou
Léon	Éric

- B**on**jour, je m'appelle Yuko : Y.U.K.O. **Et** **t**oi ?

- B**on**jour. Je m'appelle Yv**on** : Y.V.O.N.

 Lire 2 読みましょう。

ai	→	/ɛ/	:	sai , tai, pai , bai , vai , jai
an	→	/ã/	:	gan , kan , ran , chan , jan , nan
oi	→	/wa/	:	coi , quoi , voi , toi , choi , joi

 Écouter et répéter 2 よく聞いて繰り返しましょう。

Je suis fr**an**ç**ai**s. **Et t**oi ?

M**oi**, je suis **an**gl**ai**s.

Je suis japon**ai**se. **Et t**oi ?

M**oi**, je suis fr**an**ç**ai**se.

Je suis japon**ai**s. **Et t**oi ?

M**oi**, je suis **an**gl**ai**se.

Vocabulaire 単語

国籍1				🇹🇭
👨	japon**ai**s	fr**a**n**çai**s	**an**gl**ai**s	th**aïl**and**ai**s
👩	japon**ai**se	fr**a**n**çai**se	**an**gl**ai**se	th**aïl**and**ai**se

 Les nombres 数字

 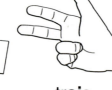  

un　　　**deu**x　　　t**roi**s　　　q**u**atre　　　c**in**q

 Écouter et répéter 3　よく聞いて繰り返しましょう。

B**on**jou**r**,
je m'appelle Jun.
Je suis japon**ai**s.
Je suis lycé**en**.

B**on**jou**r**,
je m'appelle L**ou**.
Je suis fr**a**n**çai**se.
Je suis lycé**enne**.

自分の名前と国籍を書いてみましょう。

_____

_____

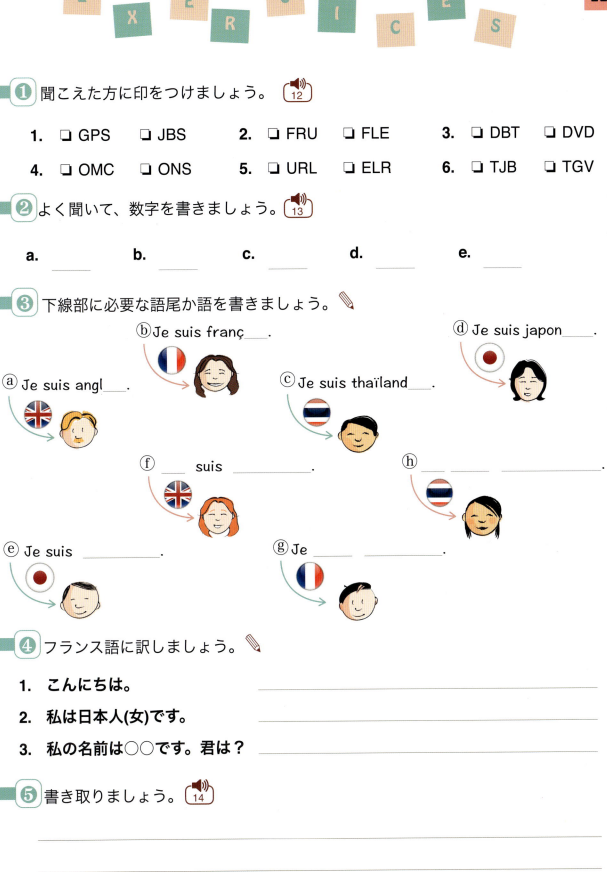

Leçon 2

Lire 1 読みましょう。

l	→ /l/	:	la , lan , lou , lon, le , li , lu
r	→ /R/	:	ra , ran , rou , ron , re , ri , ru
in/en/ain	→ /ɛ̃/	:	lin , pain , vin , ien , bain , cain
é/es/est/et	→ /E/	:	es , est , vet , mé , jé , qué , ré

Grammaire 文法

大文字と小文字
フランス語の大文字は、特に2つの場合に用います。
①文頭、②人名や地名（国名も）などの固有名詞の場合です。

ピリオド
文の終わりにはピリオド「.」を用います。日本語の「。」にあたります。フランス語では「point」と呼ばれます。

Je m'appelle Gaston **.**

Écouter et répéter 1 よく聞いて繰り返しましょう。

1 Tu **es** fr**an**ç**ai**se ?

2 **Ou**i, je suis fr**an**ç**ai**se.

Vocabulaire 単語

国籍2		italien	coréen	américain	chinois
		italienne	coréenne	américaine	chinoise

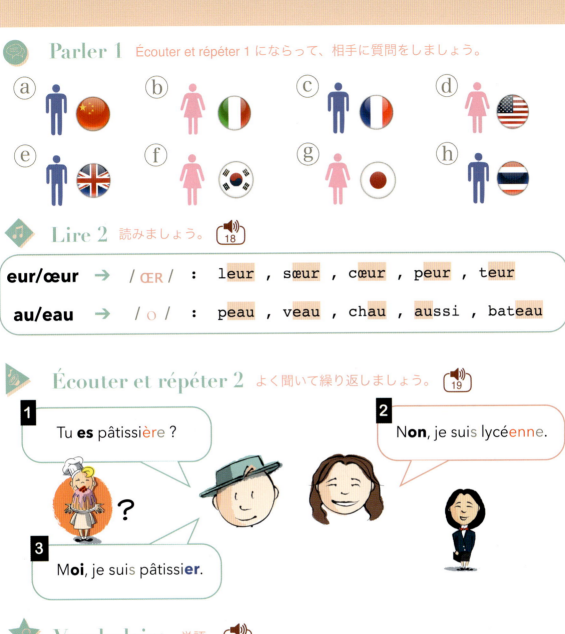

Parler 2 Écouter et répéter 2 にならって、相手に質問をしましょう。

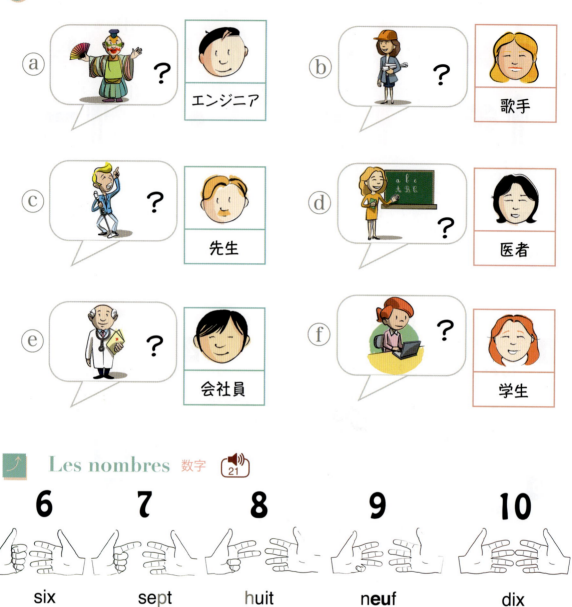

Les nombres 数字

6 six　7 sept　8 huit　9 neuf　10 dix

Parler 3 例にならって、1から9までの数字に1を足した答えを相手に質問しましょう。

例

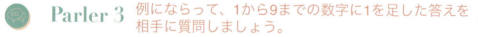
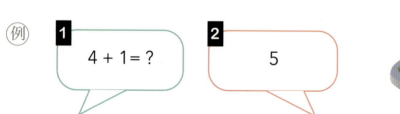

1: 4 + 1 = ?
2: 5

EXERCICES

① よく聞いて、数字を書きましょう。 🔊 23

a. _____   b. _____   c. _____

d. _____   e. _____   f. _____

② 男性形と女性形に注意して聞き、印をつけましょう。 🔊 24

	1.	2.	3.	4.	5.	6.
男	❏	❏	❏	❏	❏	❏
女	❏	❏	❏	❏	❏	❏

③ 自己紹介の文を書きましょう。 🔊 25

例： **Pwak**

Bonjour,
je m'appelle Pwak.
Je suis employée.
Je suis thaïlandaise.

Kim

_____
_____
_____
_____

Gino

_____
_____
_____
_____

Lou

_____
_____
_____
_____

④ 女性形にしましょう。

1. Je suis américain. →_____
2. Je suis pâtissier. →_____
3. Tu es chinois ? →_____
4. Tu es acteur ? →_____

Leçon 3

🎵 Lire 読みましょう。

```
h       → / /  :  a = ha , i = hi , o = ho , u = hu
en /em  → /ã/  :  sen , pen , ven , tem , jen , ben
```

➡ Grammaire 文法

アポストロフ

母音字また無音の「**h**」で始まる単語の前では、直前の単語の語末の発音する「**e**」（または「**a**」,「**i**」）が省略され、「**'**」におきかえられます。

例 : je habite   X ⇒ jehabite   X 👉   j'habite   O

▶ Écouter et répéter 1 よく聞いて繰り返しましょう。

1 Tu t'appelles comm**en**t ?

2 Je m'appelle Soyon. **Et toi** ?

Angela   Soyon

3 Je m'appelle Angela.

4 **En**ch**an**té.

💬 Parler 1 Écouter et répéter 1 にならって、相手に質問をしましょう。

ⓐ
Julia   Judith

ⓑ
Jim   Jakkrit

ⓒ
Kyoko   Paul

Écouter et répéter 2 よく聞いて繰り返しましょう。

1. Tu habites à Paris ?
2. Non.
3. Tu habites où ?
4. J'habite à Séoul.

— Paris ?
— Séoul

Parler 2 Écouter et répéter 2 にならって、相手に質問をしましょう。

a. Séoul ? / Paris
b. Tokyo ? / Osaka
c. Osaka ? / Pékin
d. Londres? / Rome

Vocabulaire 単語

en — Chine, France, Thaïlande, Corée, Italie, Angleterre

au — Japon
aux — États-Unis

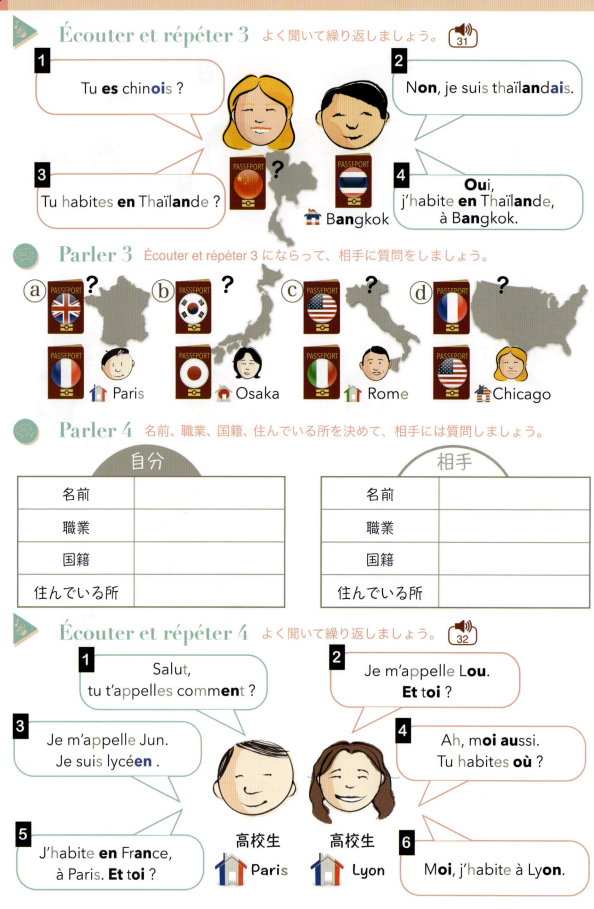

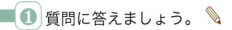

① 質問に答えましょう。

1. Tu t'appelles comment ? _____

2. Tu habites où ? _____

3. Je suis français, et toi ? _____

4. Tu es professeur ? _____

② よく聞いて、数字を書きましょう。 🔊 33

a. ___ + ___ = ___   b. ___ + ___ = ___   c. ___ + ___ = ___

d. ___ + ___ = ___   e. ___ + ___ = ___   f. ___ + ___ = ___

③ 以下の単語を使って文章を完成させましょう。

1. Tu _____ chinois ? - _____, je _____ chinois.

2. Je suis japonais, et ____ ? - Moi _____ , je suis japonais.

3. Tu habites _____ ? - J'habite _____ Rome.

④ 質問を作りましょう。

1. _____ ? - Non, je suis français.

2. _____ ? - J'habite à Sagamihara.

3. _____ ? - Je m'appelle Paul.

⑤ 文を完成させましょう。

1. Tu habites ____ Japon ____ Yokohama ?

2. J'habite ____ Angleterre ____ Londres.

3. Tu habites ____ États-Unis ? - Oui, j'habite ____ Washington.

Leçon 4

 Lire　読みましょう。

```
c / qu  →  / k / :  ca , co , cai , cu , qui , que , quoi
s / c / ç →  / s / :  si , se , sai , ci , ce , çai , çon , çu
```

 Grammaire　文法　

> **アンシェヌマン**
>
> 単語の最後の発音される子音が、次の単語の最初の母音（か無音の「h」）と結びついて発音されることを、アンシェヌマンと呼びます。
>
> 👉　Elle habite　　　Il est

 Écouter et répéter 1　よく聞いて繰り返しましょう。

1 C'**est** qui ?

2 C'**est** Lee.
Il **est** étudi**an**t.

3 À côté de Lee, c'**est** qui ?

4 C'**est** Kim.
Elle **est** profess**eu**r.

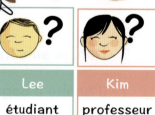

Parler 1　Écouter et répéter 1 にならって、相手に質問をしましょう。

ⓐ

Paul	Judith
professeur	étudiante

ⓑ

Lee	Angela

ⓒ

Gaston	Cheng

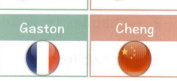

Écouter et répéter 2 よく聞いて繰り返しましょう。

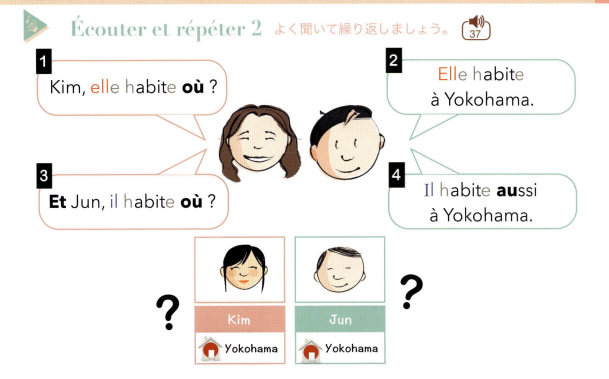

Parler 2 Écouter et répéter 2 にならって、相手に質問をしましょう。

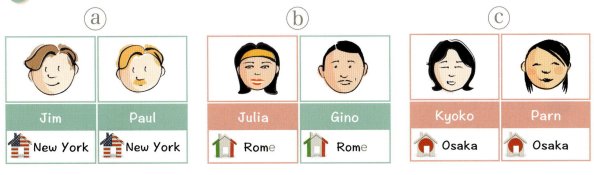

Grammaire 文法

フランス語の人称（単数形）と基本の動詞の活用。

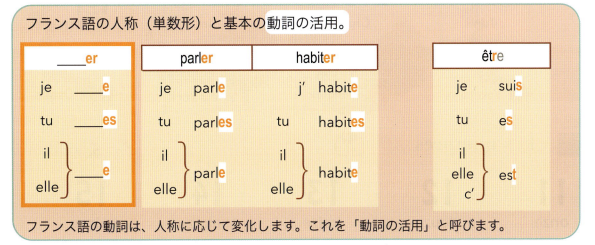

フランス語の動詞は、人称に応じて変化します。これを「動詞の活用」と呼びます。

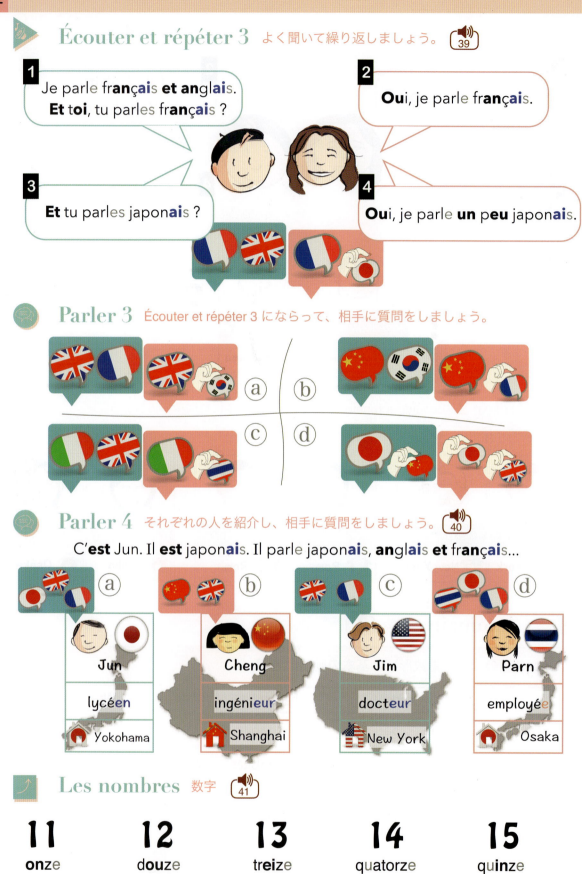

EXERCICES

① 下線部に必要な語を書きましょう。

例： Elle _____ anglaise ?
→ Elle _est_ anglaise ?

1. Je _____ lycéen.
2. Il _____ chinois.
3. J' _____ à Yokohama.
4. Je m'_____ Yumi.
5. Tu _____ où ?

② 下線部に必要な語を書きましょう。

例： _____ habites à Tokyo ?
→ _Tu_ habites à Tokyo ?

1. _____ es anglais ?
2. _____ est actrice.
3. _____ t'appelles comment ?
4. _____ parles japonais ?
5. _____ suis professeur.

③ 例にならって、文を作りましょう。

例： Elle / France
→ Elle est française. Elle parle français. Elle habite en France.

1. Tu (男性) / Corée
2. Il / Angleterre
3. Elle / Italie
4. Je (女性) / Japon
5. Je (男性) / États-Unis

④ 聞いて、表を完成させましょう。

	名前	国籍	職業	住んでいる所	話せる言葉
1.					
2.					
3.					

フランス語で遊びましょう。

🅰🅱ともに自分の攻略地図の好きなマス目に、下の図のような三種類（㋐9マス、㋑8マス、㋒4マス）の海賊船を示す記号をつけよう。このとき、同じマス目に複数の海賊船が重ならないように。三隻の海賊船が配置できたら、攻略地図の完成だ！ゲーム中は、自分の攻略地図が相手に見られないよう注意しよう。じゃんけんで勝った方🅰から、敵（相手）🅱の海賊船の攻撃スタート。
敵の海賊船がいそうなマスをひとつ選び、そのマスを示すアルファベットと数字を相手🅱に伝えよう。相手🅱は自分の攻略地図で、指定されたマスを確認。もしそのマスに、自分の海賊船の一部が描かれていたら、🅱は"touché"と言い、海賊船の一部が攻撃されたことを🅰に伝えよう。"touché"と言われた🅰は、自分の攻略地図のそのマスに○をつけ、相手🅱の海賊船がそのマスにいるという目印をつけておく**(1)**。もし🅰が指定してきたマスに自分の海賊船がなければ、🅱は"non"と言おう。"non"と言われた🅰は、そのマスに×をつける。そのマスには相手🅱の海賊船がいないという意味になる**(2)**。次に🅱が、同様に🅰を攻撃し、交互にそれを繰り返す。海賊船が丸ごと攻撃を受けたら、"coulé"と言い、自分の海賊船が沈んだことを相手に伝え降伏しよう **(3)**。
敵の海賊船を三隻とも "touché" "coulé" にさせた方が、勝利を手にする！

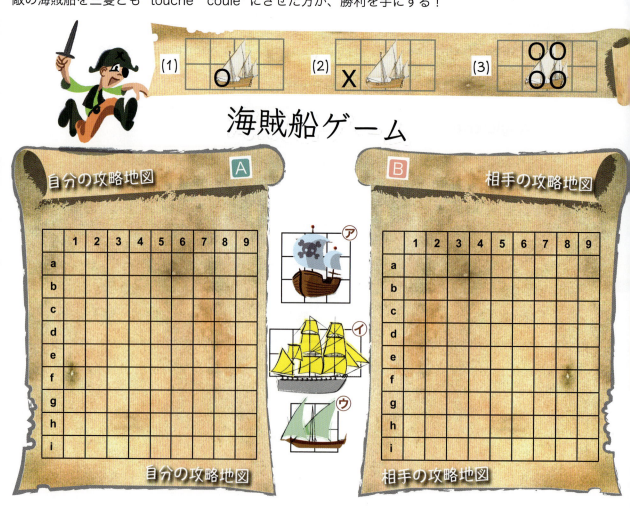

海賊船ゲーム

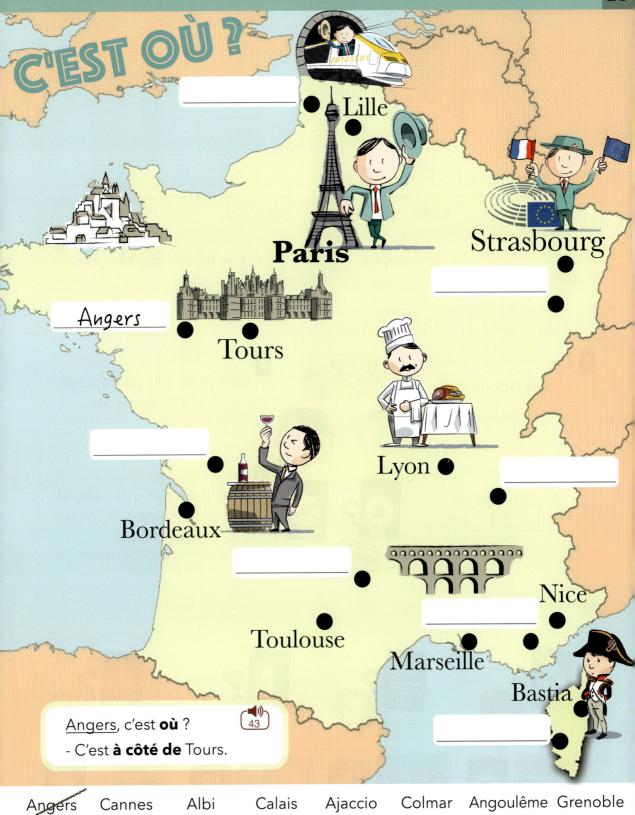

Angers, c'est où ?
- C'est à côté de Tours.

Angers   Cannes   Albi   Calais   Ajaccio   Colmar   Angoulême   Grenoble

Activité : Vous connaissez d'autres villes françaises ? C'est à côté de quelle ville ? Quel est le monument célèbre et/ou la spécialité gastronomique ?

話してみよう：このページの地図で紹介されている街以外に、あなたが知っているフランスの街はありますか？それは、何という街の近くにありますか？どのような建築が有名ですか？名物料理は何ですか？

Leçon 5

➡️ Grammaire 1 文法

否定文の作り方 　動詞を「ne」と「pas」で挟みます。

Je suis français. 👉 Je ne suis pas français.

▶️ Écouter et répéter 1　よく聞いて繰り返しましょう。

1. Tu **es** japon**ai**se ?
2. N**on**, je ne suis pas japon**ai**se. Je suis cor**é**enne.
3. Tu parl**es an**gl**ai**s ?
4. N**on**, je ne parle pas **an**gl**ai**s. Je parle cor**éen**, japon**ai**s **et** chin**oi**s.

💬 Parler 1　Écouter et répéter 1 にならって、相手に質問をしましょう。

Grammaire 2 文法

エリズィオン　Leçon 3 で学習したように、母音から始まる単語の前で「e」が「'」になる現象を、エリズィオンと呼びます。

例： ❖ Elle ne est pas　✗　⇒ Elle ne est pas　✗　☞　Elle n'est pas　○

❖ ⚠ Elle est　○

Parler 2　例にならって、Parler 1のイラストも使って相手に質問をしましょう。 🔊46

例：
- Kim **est** japon**ai**se ?
- N**on**, elle n'**est** pas japon**ai**se. Elle **est** cor**é**enne.
- Elle parle **an**gl**ai**s ?
- N**on**, elle ne parle pas **an**gl**ai**s. Elle parle cor**é**en, japon**ai**s et chin**oi**s.

a) Kyoko　b) Paul　c) Jim　d) Parn

Écouter et répéter 2　よく聞いて繰り返しましょう。 🔊47

1. C'**est** Jim là-bas ?
2. N**on**, ce n'**est** pas Jim. C'**est** Paul. — Paul / Londres
3. Il habite **au**x États-Unis ? — Jim
4. N**on**, il n'habite pas **au**x États-Unis. Il habite **en An**gleterre, à L**on**dres.

Parler 3　Écouter et répéter 2 にならって、相手に質問をしましょう。

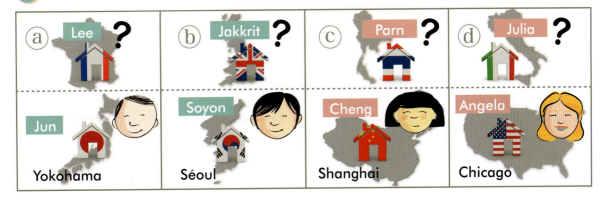

a) Lee ? / Jun — Yokohama
b) Jakkrit ? / Soyon — Séoul
c) Parn ? / Cheng — Shanghai
d) Julia ? / Angela — Chicago

Écouter et répéter 3　よく聞いて繰り返しましょう。

Parler 4　Écouter et répéter 3 にならって、相手に質問をしましょう。

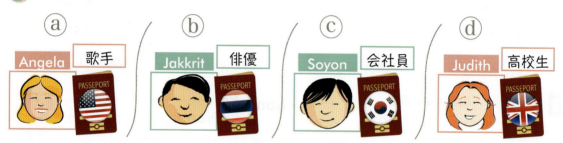

 Les nombres　数字

16 seize　　**17** dix-sept　　**18** dix-huit　　**19** dix-neuf　　**20** vingt

Jouer　遊びましょう！

２０までの３つの数字を、隣の人に耳打ちします。他の人に聞こえないようにしましょう。数字を言われたら、それをさらに隣の人に耳打ちで伝えます。最後の人が、耳打ちされた数字を声に出して言いましょう。
さあ、合っているかどうか？

EXERCICES

① 女性形にしましょう。

例：Je suis employé.
　→ Je suis employée.

1. Tu es acteur.
2. Il habite à Tokyo.
3. Je suis chanteur.
4. Il parle anglais.
5. Je suis lycéen.

② 否定文にしましょう。

例：Il est français.
　→ Il n'est pas français.

1. Je parle thaïlandais.
2. Tu habites à Yokohama.
3. Je suis employé.
4. Elle est chanteuse.
5. Tu es chinois.

③ 文を直しましょう。

1. Ju suis lycéen.
2. Tu est anglais ?
3. Ell habite à Paris.
4. Il est japonese.
5. Je m'applle Jun.

④ 質問を聞いて否定文で答えましょう。 🔊 50

1. - Non, je _____
2. - Non, elle _____
3. - Non, _____
4. - Non, _____
5. - Non, _____

⑤ Parler 4の文を書きましょう。

例: Il est chanteur. Il est italien. C'est un chanteur italien.

ⓐ _____
ⓑ _____
ⓒ _____
ⓓ _____

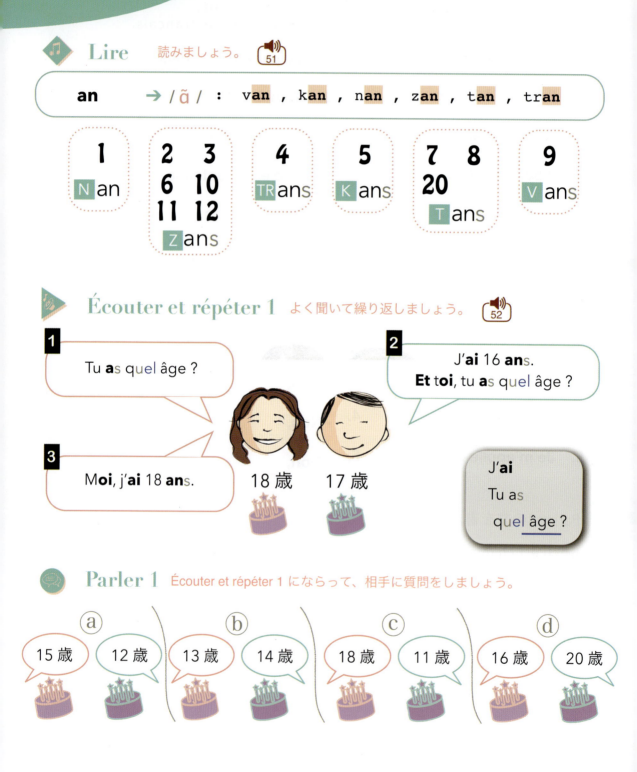

Les nombres 数字

21	22	23	24	25
vingt et un	vingt-deux	vingt-trois	vingt-quatre	vingt-cinq
26	27	28	29	30
vingt-six	vingt-sept	vingt-huit	vingt-neuf	trente

 Grammaire 文法

リエゾン
単語の最後の発音されない子音が、次の単語の最初の母音（か無音の「h」）と結びついて発音されることをリエゾンと呼びます。　👉　en Angleterre

 Écouter et répéter 2　よく聞いて繰り返しましょう。

1 Judith a quel âge ?

2 Elle a 20 ans.

Judith
20歳

Il / Elle a

 Parler 2　Écouter et répéter 2 にならって、相手に質問をしましょう。

	Charlie	Kendji	Angèle	Naomi	Kylian	Jain	Antoine
生徒Ⓐ	6歳		1995		1998		1991
生徒Ⓑ		1996		1997		1992	

Vocabulaire 単語

月	火	水	木	金	土	日
lundi	m**ar**di	m**er**credi	**jeu**di	**ven**dredi	s**am**edi	d**iman**che

例 土

Aujour**d'**hui, c'**est** s**am**edi. Dem**ain**, c'**est** q**uel** j**ou**r ?
- Dem**ain**, c'**est** d**iman**che.

ⓐ 日 ⓑ 木 ⓒ 火 ⓓ 金 ⓔ 水

Écouter et répéter 3   よく聞いて繰り返しましょう。

1 Tu as japon**ai**s mardi ?

2 N**on**, j'**ai** japon**ai**s l**un**di.

国語
火 ?

L	Ma	Me	J	V	S
japon**ai**s	hist**oi**re	ma**th**s	**an**gl**ai**s	fr**an**ç**ai**s	sport

Parler 3   Écouter et répéter 3 にならって、スケジュールを見ながら相手に質問をしましょう。

ⓐ 数学 ? 土
ⓑ 仏語 ? 月
ⓒ 英語 ? 金
ⓓ 体操 ? 日
ⓔ 歴史 ? 水

EXERCICES

① 日本語に訳しましょう。

1. Je ne sais pas.
2. Merci !
3. Je suis lycéen.
4. J'ai oublié.
5. Yokohama, c'est à côté de Tokyo.

② フランス語に訳しましょう。

1. 私は１６歳です。
2. パリはどこですか。
3. 彼はフランス語をしゃべりません。
4. 彼女は会社員です。
5. あなたは相模原に住んでいる。

③ 曜日と二つの科目を見つけましょう。

N	F	I	T	L	L	X	Ç	M	M
D	Z	E	J	E	U	D	I	A	U
I	B	Z	V	J	O	N	P	R	S
M	A	T	H	S	D	L	D	D	A
A	M	E	R	C	R	E	D	I	M
N	H	I	S	T	O	I	R	E	E
C	Q	M	C	B	K	A	U	C	D
H	V	E	N	D	R	E	D	I	I
E	J	G	S	V	N	L	G	X	N

- ~~lundi~~
- mardi
- mercredi
- jeudi
- vendredi
- samedi
- dimanche
- maths
- histoire

④ よく聞いて、スケジュールをフランス語で埋めましょう。 🔊 58

L	Ma	Me	J	V	S

⑤ 自己紹介を書きましょう。

_____
_____
_____

1. 復習 Révisions

Yumi : B**on**jou**r**.

Romain : Salut.

Yumi : Tu t'appelles comm**en**t ?

Romain : Je m'appelle Romain, **et** t**oi** ?

Yumi : M**oi**, je m'appelle Yumi.

Romain : Tu **es** étudi**an**te ?

Yumi : N**on**, je suis lycéenne. Tu as quel âge ?

Romain : J'**ai** 20 **an**s. Je suis étudi**an**t.

Yumi : Tu habites **où** ?

Romain : J'habite **en** Fr**an**ce, à Cannes.

Yumi : Cannes, c'**est où** ?

Romain : C'**est** à côté de Nice.

Yumi : **Et** elle, c'**est** qui ?

Romain : Ah, c'**est** Julia. Elle **est** italienne.

Yumi : Elle parle fr**an**ç**ai**s ?

Romain : N**on**, elle ne parle pas fr**an**ç**ai**s. M**ai**s, elle parle **un** p**eu an**gl**ai**s.

Yumi : Elle parle **au**ssi japon**ai**s ?

Romain : Je ne s**ai**s pas.

La francophonie

On ne parle pas seulement français en France, mais aussi dans d'autres pays.

En Europe par exemple, on parle français en Belgique et en Suisse, même si ce n'est pas partout. Sur le continent américain, on parle français au Québec. Mais c'est surtout en Afrique qu'il y a beaucoup de francophones. Ces pays sont d'anciennes colonies. On continue d'utiliser la langue française dans l'administration, pour étudier et pour communiquer avec des personnes qui parlent une langue régionale différente.

Depuis 1970, une organisation regroupe une grande partie de ces pays. Elle s'appelle maintenant l'OIF (Organisation internationale de la francophonie). Chaque année, le 20 mars, on célèbre la francophonie partout dans le monde. On peut assister à des spectacles, des expositions et découvrir la cuisine française. C'est aussi au Japon, alors allez-y !

carte・地図 p. 6

フランス語は、フランスだけでなく、ほかの国々でも話されています。

例えばヨーロッパでは、ベルギーやスイスに、フランス語を話す地域があります。また、アメリカ大陸のケベックで話されるほか、アフリカ大陸には多くの「フランコフォン」がいます。これらの国々は、フランスの植民地だった国々です。今でも行政はフランス語で行われ、学校教育や、異なる地方言語を話す人のコミュニケーションを容易にしています。

1970年に、多くのフランス語圏の国々が参加する組織が生まれました。現在、OIF（フランコフォニー国際機関Organisation internationale de la francophonie）と呼ばれています。毎年3月20日には、全世界でフランコフォニーのお祭りが開催されます。お祭りでは、演劇や展示を鑑賞し、フランス料理を堪能することができます。日本でも開催されているので、出かけてみてくださいね！

Questions : Où est le Québec ?
Qu'est-ce qu'un francophone ?
Qu'est-ce que la francophonie ?

質問： ケベックはどこにありますか？
フランコフォンとは何ですか？
フランコフォニーとは何ですか？

Tâche / Activité : Seul(e) ou par groupe, cherchez des informations sur un pays francophone et présentez-le à la classe en répondant notamment aux questions suivantes : Où est situé ce pays ? Pourquoi y parle-t-on français ? Que peut-on visiter ? Quelles sont les spécialités gastronomiques ? Qu'est-ce qui vous a intéressé ?

課題／やってみよう： 各自またはグループで、フランス語圏の国について調べて発表しましょう。どこにある国か？なぜフランス語が話されているか？どんな名所があるか？どんな料理があるか？あなたはその国の何に興味を持ったか？の質問を意識しながらまとめてみましょう。

Leçon 7

Vocabulaire 1 単語

Grammaire 1 文法

tu と vous

親しい相手（家族や友だち）には **tu**「君」、日本語で敬語を使う相手（目上の人、よく知らない人）には **vous**「あなた」を使う。
ただし **tu** も **vous** も複数は **vous**「君たち、あなたたち」になる。

Grammaire 2 文法

On

on は、**il** や **elle** と同じ三人称単数の主語として扱われ、一般の「人」を指すが、話し言葉では「われわれ、私たち」の意味で使われる。

Écouter et répéter 1　よく聞いて繰り返しましょう。

Vous avez chaud ?
- Oui, on a chaud.

Parler 1　Écouter et répéter 1 にならって、相手に質問をしましょう。

Parler 2　Parler 1について、否定文で答えましょう。

Vous avez chaud ?
- Non, on n'a pas chaud.

avoir の否定形を書きましょう。

Les nombres　数字

31	32	33	34	35
trente et un	trente-deux	trente-trois	trente-quatre	trente-cinq
36	37	38	39	40
trente-six	trente-sept	trente-huit	trente-neuf	quarante

Vocabulaire 2 単語

grand(s)
grande(s)

petit(s)
petite(s)

fatigué(s)
fatiguée(s)

malade(s)

occupé(s)
occupée(s)

être

je	suis
tu	es
il / elle / on	est
vous	êtes

Écouter et répéter 2 よく聞いて繰り返しましょう。

Vous êtes occupés ?
- Oui, on est occupés.

Vous ? → On

Parler 3 Écouter et répéter 2 にならって、相手に質問をしましょう。

a) Il ? → Il
b) Vous ? → On
c) Elle ? → Elle
d) Tu ? → Je
e) Vous ? → Je

Parler 4 Parler 3について、否定文で答えましょう。

Vous êtes occupés ?
- Non, on n'est pas occupés.

Vous ? → On

être の否定形を書きましょう。

EXERCICES

① 線で結びましょう。

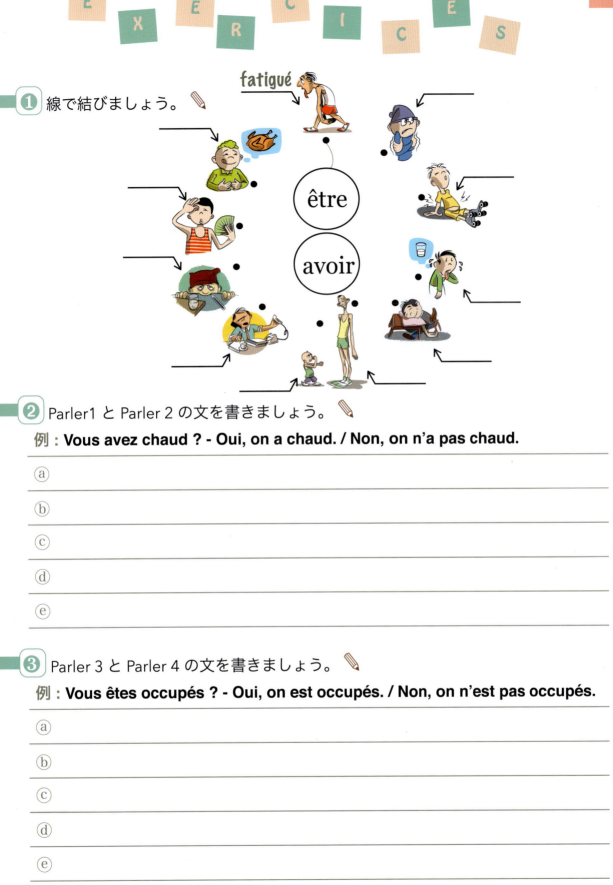

② Parler1 と Parler 2 の文を書きましょう。

例：**Vous avez chaud ? - Oui, on a chaud. / Non, on n'a pas chaud.**

ⓐ
ⓑ
ⓒ
ⓓ
ⓔ

③ Parler 3 と Parler 4 の文を書きましょう。

例：**Vous êtes occupés ? - Oui, on est occupés. / Non, on n'est pas occupés.**

ⓐ
ⓑ
ⓒ
ⓓ
ⓔ

Leçon 8

Vocabulaire 単語 🔊 71

- **un** portable
- **un** sac
- **un** livre
- **un** cahi**er**
- **une** baguette
- **une** glace
- **une** b**oî**te
- **une** photo

Grammaire 文法

名詞の性

フランス語の名詞には、男性名詞と女性名詞があります。人間（職業など）や動物を示す名詞は、その性がそのまま名詞の性に一致します。物にも男性名詞と女性名詞の区別があり、語尾の綴りで見分けられるものもあります。

冠詞

名詞の前につきます。名詞の性(男性・女性)・数(単数・複数)によって、形が変化します。un / une は「あるひとつの（ひとりの）」という意味です。

Écouter et répéter 1　よく聞いて繰り返しましょう。

1. C'est une boîte ?
2. Non, ce n'est pas une boîte. C'est un sac.

Parler 1　Écouter et répéter 1 にならって、相手に質問をしましょう。

ⓐ　ⓑ　ⓒ　ⓓ

Écouter et répéter 2　よく聞いて繰り返しましょう。

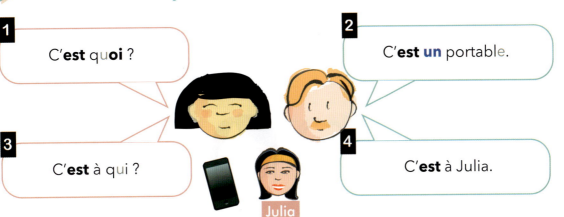

1. C'est quoi ?
2. C'est un portable.
3. C'est à qui ?
4. C'est à Julia.

Parler 2　Écouter et répéter 2 にならって、相手に質問をしましょう。

ⓐ Gaston　ⓑ Judith　ⓒ Jakkrit　ⓓ moi　ⓔ toi

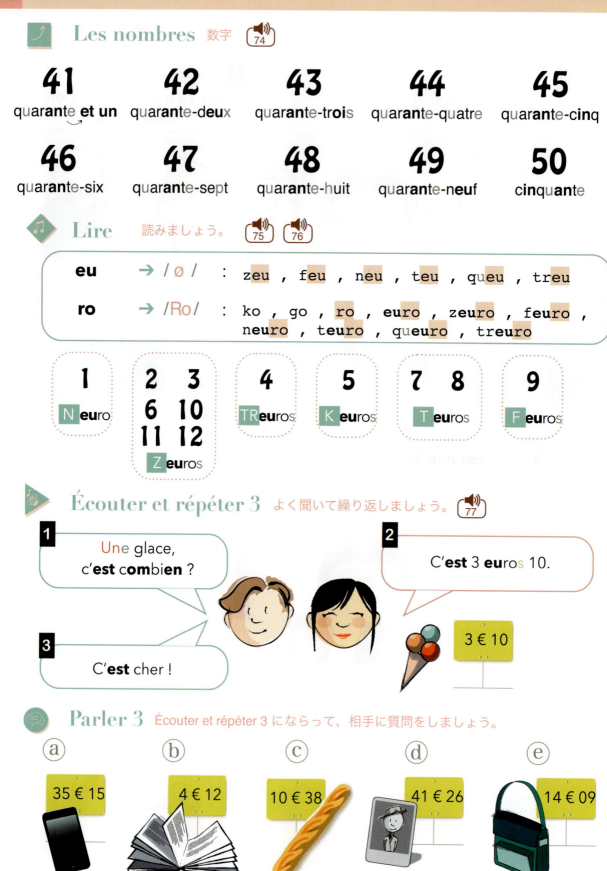

① よく聞いて、それぞれの物の値段を書きましょう。 🔊78

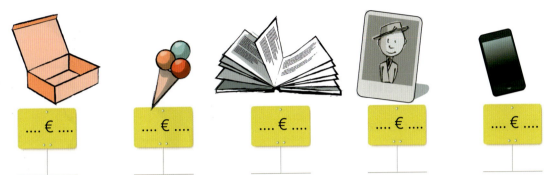

.... € .... € .... € .... € .... € ....

② よく聞いて、会話を完成させましょう。 🔊79

お客さん： (　　　　　　) madame.

店員： (　　　　　　) monsieur.

お客さん： (　　　)(　　　　　　), s'il vous plaît.

店員： C'est tout ?

お客さん： Non. Un croissant, c'est (　　　　　) ?

店員： C'est (　　　) euro (　　　).

お客さん： (　　　　) croissants, s'il vous plaît.

店員： Alors, (　　　) (　　　　　) et (　　　　) croissants.
(　　　) (　　　　), s'il vous plaît.

お客さん： Voilà.

③ 質問を作りましょう。 ✏️

1. _____ ? - J'ai 17 ans.

2. _____ ? - C'est à Jun.

3. _____ ? - C'est une boîte.

4. _____ ? - C'est 2 euros 35.

5. _____ ? - C'est Kyoko.

2. 復習
Révisions 🔊

Yumi : Salut Rom**ain**, ça va ?

Romain : N**on**, ça ne va pa**s**.

Yumi : Tu **es** malade ?

Romain : N**on**, ce n'**est** pas ça. J'**ai** ch**au**d et j'**ai un p**eu somm**eil**. **Et toi** ?

Yumi : M**oi**, ça va. M**ai**s, je suis occupée **au**j**ou**rd'hui.

Romain : Tu as maths ?

Yumi : **Ou**i, j'**ai** maths, **an**glai**s**, sport… Je suis fatiguée !

Romain : J'**ai** f**ai**m. Ça, c'**est** qu**oi** ?

Yumi : C'**est** une glace **au** matcha.

Romain : C'**est** b**on** ?

Yumi : **Ou**i, c'**est** b**on**.

Romain : B**on**j**ou**r, m**on**si**eu**r. Une glace **au** matcha, c'**est** c**on**mb**ien** ?

vendeur : 1 **eu**ro 50.

Romain : Ce n'**est** pas cher. Yumi, une glace ?

Yumi : **Ou**i, s'il te pl**aî**t.

Romain : Deux glaces **au** matcha, s'il v**ou**s pl**aî**t, m**on**si**eu**r.

vendeur : V**oi**là, 3 **eu**ros.

Cahier de vacances

① 聞こえた名前を書き取りましょう。 🔊81

a. _____ b. _____

② 会話を完成させましょう。 ✏️

– C'est _____ ?
– C'est _____ livre.
– C'est _____ ?
– C'est 1 €.
– ____ n'est pas _____ .

③ 質問に答えましょう。 🔊82

a. _____
b. _____
c. _____
d. _____
e. _____

④ 質問と答えを結びましょう。 ✏️

1. Tu as chaud ?   a. - Non, il est petit.
2. Il est grand ?   b. - Oui. Et, je suis fatigué.
3. Vous avez faim ?   c. - Non, on a soif.
4. Tu es occupé ?   d. - Non, j'ai froid.

⑤ 聞こえたものにチェックをしましょう。 🔊83

1. bonjour   3. madame   5. ticket
2. salut   4. monsieur   6. 1€20

⑥ 男女の別をチェックし、職業と国籍と年齢を書きましょう。 🔊84

	男	女	職業	国籍	年齢
a.					
b.					
c.					

Leçon 9

 Vocabulaire 単語

 un restaurant

un chien

un gâteau

 un bonbon

une table

une voiture

une clé

une fleur

 Grammaire 文法

不定冠詞と定冠詞

8課では、人間や動物を指す名詞のほか、無生物名詞にも性があることを学習しました。**un / une / des**（英語の「a /some」）は「あるひとつの/いくつかの…」の意味で、不定冠詞と呼ばれます。**le / la / les**（英語の「the」）は「…という物(全体)」「その/あの…」の意味で、定冠詞と呼ばれます。ともに、名詞の性・数に合わせて変化します。

	不定冠詞		定冠詞	
男性	un 〜 ⟹	un sac	le 〜 ⟹	le sac
女性	une 〜 ⟹	une table	la 〜 ⟹	la table
複数	des 〜 ⟹	des sacs des tables	les 〜 ⟹	les sacs les tables

Écouter et répéter 1 よく聞いて繰り返しましょう。

Écouter et répéter 2 よく聞いて繰り返しましょう。

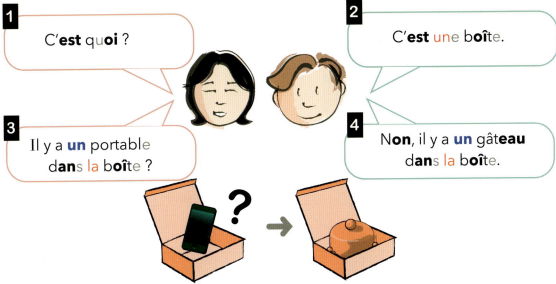

Parler 1 Écouter et répéter 2 にならって、相手に質問をしましょう。

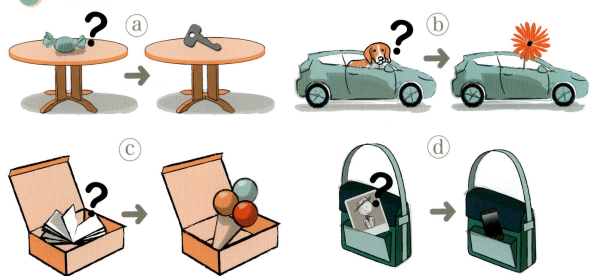

Écouter et répéter 3　よく聞いて繰り返しましょう。

1 Il y a c**om**b**i**en de chi**en**s d**an**s le rest**au**ran**t** ?

2 Il y a deux chi**en**s.

 Parler 2　Écouter et répéter 3 にならって、相手に質問をしましょう。

ⓐ 　ⓑ 　ⓒ 　ⓓ

 Écouter et compléter　よく聞いて数字を入れましょう。

	👜	📦	🪑	📖
🍬	例：4			
📖				
🥖				
🍦				
🔑				
🐕				
📱				
🌼				

EXERCICES

① 次の文をフランス語に訳しましょう。

1. テーブルの上に一枚の写真があります。
   → _____

2. レストランの中に一匹の犬がいます。
   → _____

3. 本の上に飴がひとつあります。
   → _____

4. 鞄の中に一輪の花があります。
   → _____

5. 車の中にかぎがいくつかあります。
   → _____

② よく聞いて、絵を描きましょう。 [91]

a.

b.

c.

d.

③ 次の単語を単数にしましょう。

1. des chiens   → _____
2. les tables   → _____
3. des bonbons → _____
4. les boîtes   → _____

④ 次の単語を複数にしましょう。

1. la boîte → _____
2. une clé   → _____
3. un livre → _____
4. le cahier → _____

Leçon 10

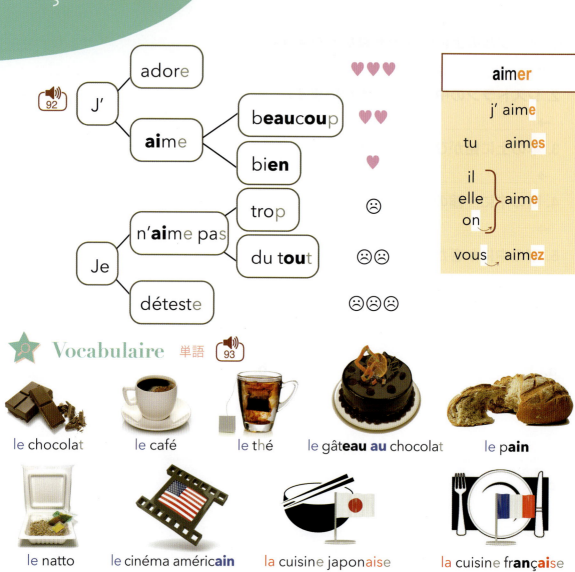

aimer
j' aime
tu aimes
il / elle / on aime
vous aimez

J' — adore ♥♥♥
J' — aime — beaucoup ♥♥
J' — aime — bien ♥
Je — n'aime pas — trop ☹
Je — n'aime pas — du tout ☹☹
Je — déteste ☹☹☹

⭐ Vocabulaire 単語 🔊 93

 le chocolat

le café

le thé

le gâteau au chocolat

le pain

le natto

le cinéma américain

la cuisine japonaise

la cuisine française

 la mode

les hamburgers

les glaces

 les crêpes

 les macarons

 les chats

les dessins animés

les séries coréennes

EXERCICES

① 前のページのÉcouter et compléterの質問と答えを書きましょう。

例: Est-ce que Kyoko aime la cuisine japonaise ?
  － Oui, elle adore la cuisine japonaise.

1. _____ ?
_____ .

2. _____ ?
_____ .

3. _____ ?
_____ .

4. _____ ?
_____ .

5. _____ ?
_____ .

6. _____ ?
_____ .

7. _____ ?
_____ .

② Est-ce que (/qu')を用いて、質問を作りましょう。

1. **Tu aimes beaucoup le café ?** → _____

2. **Elle est chinoise ?** → _____

3. **Il déteste Arashi ?** → _____

4. **Kumiko aime bien la mode ?** → _____

5. **C'est un livre ?** → _____

③ 動詞の活用に合わせる主語で文を完成させましょう。

1. ____ **aimez les sushis ?**   4. ____ **adores Paris ?**

2. ____ **aimes beaucoup le café !**   5. Yuko, ____ **n'aime pas trop les chats.**

3. ____ **détestez le natto ?**   6. Moi, ____ **aime bien habiter au Japon.**

Leçon 11

⭐ **Vocabulaire 1** 単語

préférer

je	préfère
tu	préfères
il / elle / on	préfère
vous	préférez

▷ **Écouter et répéter 1** よく聞いて繰り返しましょう。

1 Tu préfères le football ou la natation ?

2 Je préfère le football. Je déteste la natation.

💬 **Parler 1** Écouter et répéter 1 にならって、相手に質問をしましょう。

ⓐ　　ⓑ　　ⓒ　　ⓓ

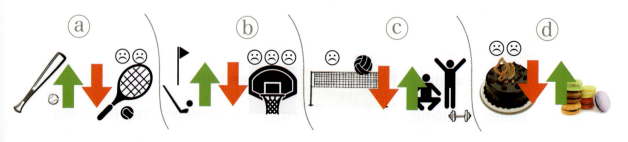

Vocabulaire 2 単語 🔊 101

- aller sur Internet
- aller au restaurant
- étudier
- écouter de la musique
- regarder la télé
- voyager
- dormir
- faire la cuisine
- faire du sport

Écouter et répéter 2 よく聞いて繰り返しましょう。 🔊 102

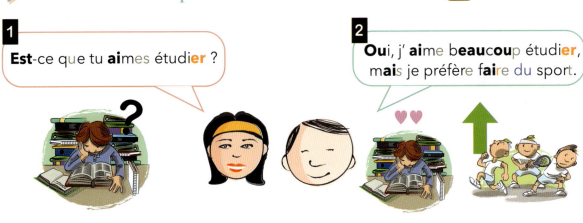

1. Est-ce que tu aimes étudier ?
2. Oui, j'aime beaucoup étudier, mais je préfère faire du sport.

Parler 2 Écouter et répéter 2 にならって、相手に質問をしましょう。

ⓐ ⓑ ⓒ ⓓ

ENQUÊTE

相手に、下のイラストのものが好きかどうか質問をして、記号を入れましょう。

	♥♥♥	♥♥	♥	☹	☹☹	☹☹☹
☕						
🍱						
🇰🇷						
🥪						
👗						
🎬						
🍳						
🧳						
🛏️						
⚾↑?⚽						
🇺🇸↑?🇯🇵						
🐱↑?🐶						
💻↑?📚						

EXERCICES

① ( )の動詞を活用させましょう。

例: Il __aime__ (aimer) bien le tennis.

1. Je _____ (être) **ingénieur.**

2. Tu _____ (préférer) **le thé ou le café ?**

3. Vous _____ (aimer) **le natto ?**

4. Elle _____ (adorer) **étudier le français.**

5. On _____ (habiter) **au Japon.**

② 仲間はずれの単語を消しなさい。

例: je / il / ~~un~~ / tu

1. dormir / voyager / étudier / ingénieur

2. le / sur / une / la

3. suis / est / as / es

4. café / fleurs / glaces / crêpes

5. aimer / détester / faire / préférer

③ Kyokoを紹介しましょう。

C'est Kyoko. _____
_____
_____
_____
_____
_____
_____
_____

Kyoko
医者
31 ans
Osaka
aller sur Internet
le thé anglais

④ 動詞に合う語を選んで結びましょう。

1. faire · · la télé

2. aimer · · du sport

3. aller · · sur Internet

4. regarder · · de la musique

5. écouter · · voyager

Leçon 12

⭐ Vocabulaire 単語 🔊 103

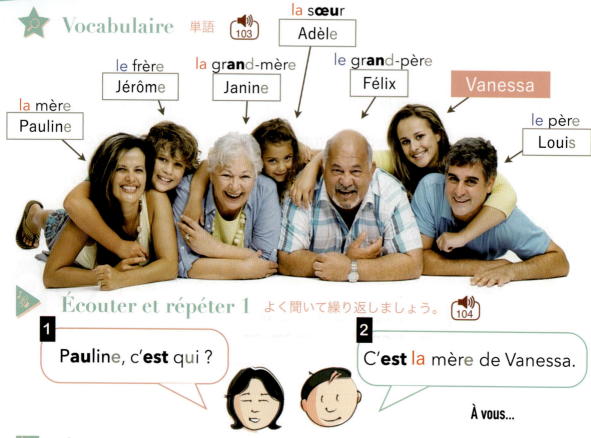

▶ Écouter et répéter 1 よく聞いて繰り返しましょう。 🔊 104

1 Pauline, c'est qui ?

2 C'est la mère de Vanessa.

À vous...

 Écouter et compléter よく聞いて、表を埋めましょう。 🔊 105

Félix	70 **ans**	retrait**é**	le foot 💜💜💜	le base-ball ☹️☹️
Janine	.... **ans**	retrait**ée**	....	....
Louis	.... **ans**	....	....	....
Pauline	.... **ans**	femme **au** foy**er**	....	....
Vanessa	.... **ans**	....	....	....
Jérôme	.... **ans**	écoli**er**	....	....
Adèle	.... **ans**	écoli**ère**	....	....

Les nombres 数字

61 soixante et un **62** soixante-deux **63** soixante-trois **64** soixante-quatre **65** soixante-cinq

66 soixante-six **67** soixante-sept **68** soixante-huit **69** soixante-neuf **70** soixante-dix

Parler 1 例にならって、相手に質問をしましょう。

Le gra**n**d-père de Vanessa a quel âge ?
- Il a 70 **an**s.

La gra**n**d-mère de Vanessa **est** retr**ai**tée ?
- Oui, **elle est** retr**ai**tée.

Le père de Vanessa **ai**me qu**oi** ?
- Il aime bi**en** all**er** au rest**au**ra**n**t.

La mère de Vanessa n'**ai**me pas qu**oi** ?
- Elle n'**ai**me pas b**eau**c**ou**p voyag**er**.

À vous...

例にならって、JérômeとAdèleの質問と答えを書きましょう。

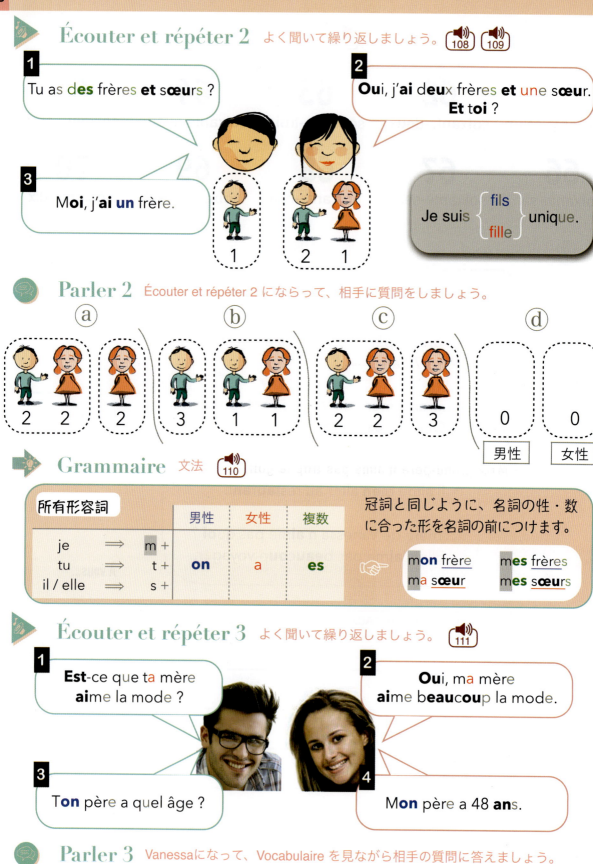

EXERCICES

❶ 質問に答えましょう。

1. **Est-ce que tu as des frères et sœurs ?**
   _____

2. **Tu aimes quoi ?**
   _____

3. **Tu détestes quoi ?**
   _____

4. **Tu préfères aller sur Internet ou regarder la télé ?**
   _____

❷ 所有形容詞で文を完成させましょう。

例 : _____grand-père n'aime pas trop le golf. (je)
   → Mon grand-père n'aime pas trop le golf.

1. _____ **père est ingénieur ?** (tu)
2. _____ **grand-mère a 76 ans.** (je)
3. _____ **frère a maths lundi.** (elle)
4. _____ **mère n'aime pas du tout le natto.** (il)
5. _____ **sœur étudie le français.** (elle)

❸ 自分の家族を紹介しましょう。

_____
_____
_____
_____
_____

3. 復習
Révisions 🔊 112

Yumi : C'est qui sur la photo ?

Romain : C'est Jun, mon ami japonais.

Yumi : Il habite où ?

Romain : Il habite au Japon, à Yokohama.

Yumi : Et là, qui est-ce ?

Romain : C'est sa mère. Elle est docteur. Et à côté, c'est son père, Akira.

Yumi : Est-ce que Jun a des frères et sœurs ?

Romain : Oui, il a un grand frère et une petite sœur.

Yumi : Sa petite sœur a quel âge ?

Romain : Elle a 8 ans, elle est écolière. Elle adore les séries coréennes.

Yumi : Moi, je préfère les séries américaines. Et toi ?

Romain : Je n'aime pas trop regarder la télé. J'adore étudier le français !

Yumi : Oui, mais c'est difficile ! Il y a des devoirs…

Romain : Oh ! Il y a un sac sur la table, c'est à qui ?

Yumi : C'est à moi.

Romain : Il y a combien de livres dans ton sac ?

Yumi : Trois livres : un livre de français, un livre de maths et un livre d'anglais.

CONJUGAISONS
« -er »動詞の活用

動詞の活用表を完成させましょう。
(☞ Leçon 4 活用 / Leçon 10 « aim**er** » / Leçon 11 « préfér**er** »)

détest**er**	
je	détest_____
tu	détest_____
il	détest_____
elle	_____
on	_____
vous	_____

regard**er**	
je	regard_____
tu	regard_____
il	regard_____
elle	_____
on	_____
vous	_____

_____**er**	
_____	voyag**e**
_____	voyag_____
il	voyag_____
elle	_____
on	_____
vous	_____

ador**er**	
_____	ador_____
tu	ador_____
_____	ador_____
elle	_____
_____	_____
vous	_____

_____**er**	
_____	écout_____
_____	écout_____
_____	écout_____
_____	_____
_____	_____
_____	_____

_____	
_____	étudi_____
_____	étudi_____
_____	étudi_____
_____	_____
_____	_____
_____	_____

Leçon 13

 Vocabulaire 単語

N	Z	TR	K	T	V	
1 heure	2 heures					
	3 heures	4 heures	5 heures			
	6 heures			7 heures		
				8 heures	9 heures	
	10 heures					
	11 heures					
	13 heures					midi
	14 heures					
	15 heures					
	16 heures			17 heures		
				18 heures	19 heures	
				20 heures		
21 heures	22 heures					
	23 heures					minuit

 Écouter et compléter 音声を聞いて、それぞれに対応する時計はどれか（ ）に a~f の記号を入れましょう。

Parler 2 Écouter et répéter 2 にならって、相手に質問をしましょう。

	Nantes	Lyon	Paris	Lille
le mat**in**	9h45	8h20	7h09	6h17
	11h37	10h52	9h32	10h42
l'après-midi	15h11	16h33	14h12	13h55
	17h39	18h26	17h43	16h34

 Écouter et répéter 3 よく聞いて繰り返しましょう。 119

1 Tu as maths qu**an**d ?

2 J'**ai** maths le l**un**di mat**in** à 10 h**eu**res 30 et le v**en**dredi après-midi à 13 h**eu**res.

	L	Ma	Me	J	V	S
9h – 10h30		hist**oi**re		**an**glais	fr**an**ç**ai**s	
10h30 – 12h	maths		jap**on**ais		**an**glais	sport
12h – 13h						
13h – 14h30	jap**on**ais	sport	hist**oi**re	fr**an**ç**ai**s	maths	

 Les nombres 数字   120

71 s**oi**xante et **on**ze

72 s**oi**xante-d**ou**ze

73 s**oi**xante-tr**ei**ze

74 s**oi**xante-quatorze

75 s**oi**xante-qu**in**ze

76 s**oi**xante-s**ei**ze

77 s**oi**xante-dix-sept

78 s**oi**xante-dix-huit

79 s**oi**xante-dix-n**eu**f

80 quatre-v**in**gts

EXERCICES

① 右の語群より( )内に適語を選び入れましょう。

1. Il y a un (　　　　　) à 17 heures 35.
2. Tu es en (　　　　　) !
3. Je (　　　　　) aller à Paris.
4. Il est (　　　　　) heure ?
5. Le (　　　　　) ou l'après-midi ?

retard
quelle
matin
train
voudrais

② 例にならって、文を作りましょう。

例 : Je (être) employé.
　→ Je suis employé.

1. Vous (avoir) **quel âge ?**　→ _____
2. Je (préférer) **le gâteau au chocolat.** → _____
3. Tu (aimer) **les glaces ?**　→ _____
4. Vous (être) **anglais ?**　→ _____
5. Elle ne (parler) **pas japonais.**　→ _____

③ 電車の時刻表を聞き取りましょう。 [121]

	Tours	Marseille	Nice	Strasbourg
le matin				
l'après-midi				

④ よく聞いて、スケジュールを埋めましょう。 [122]

	L	Ma	Me	J	V	S
9h						
10h30						
12h–13h						
14h30						

Leçon 14

Plats — €

Croque-monsieur	6,25
Salade mixte	8,20
Sandwich au jambon	6,50
Sandwich au fromage	7
Frites	2,30

Boissons — €

Café	2,50
Thé	3,20
Chocolat chaud	3
Coca-Cola	3,75
Jus d'orange	4,02
Badoit	4,12
Evian	2,80

C'est **quoi** ?

Qu'est-ce que c'est ?

Ça, qu'**est**-ce que c'**est** ?
- C'**est un** croque-m**on**sieur.

Vocabulaire 単語

Écouter et répéter 1
よく聞いて繰り返しましょう。 126

1 A : S'il v**ou**s pl**aî**t !!! B**on**jour m**on**si**eu**r, **un** café.

2 : **Et** v**ou**s, madame ?

3 B : Je v**ou**drai**s** **une** salade mixte, s'il v**ou**s pl**aî**t

4 : Alors, **un** café **et une** salade mixte, ça f**ai**t 10 **eu**ros 70.

Parler 1
Écouter et répéter 1 にならって、相手に質問をしましょう。

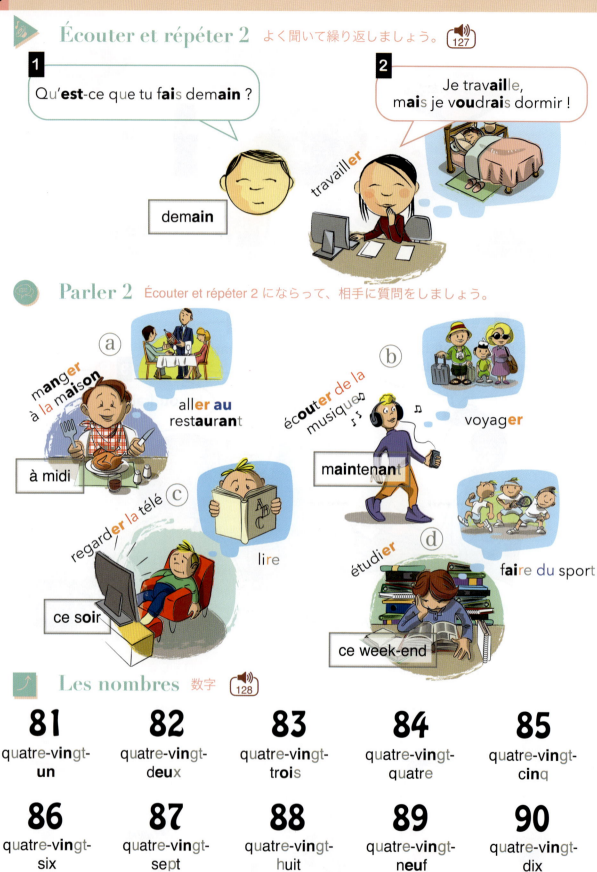

EXERCICES

❶ よく聞いて、数字を書きましょう。 🔊129

a. _____ b. _____ c. _____

d. _____ e. _____ f. _____

❷ よく聞いて、会話を完成させましょう。 🔊130

- S'il vous plaît !
- Bonjour, _____.
- Bonjour, je _____ un café et un _____ , s'il vous plaît.
- Bien. Et vous, monsieur ?
- Un _____ , c'est _____ ?
- C'est _____ euros _____.
- Un _____ et une Évian, ça _____ combien ?
- Un café, un _____ , un _____ et une Évian, ça fait _____ euros _____.

❸ 質問を作りましょう。 ✏️

例 : C'est quoi ?
  ➔ Qu'est-ce que c'est ?

1. Tu aimes quoi ? - _____
2. Julie adore quoi ? - _____
3. Elle déteste quoi ? - _____
4. On fait quoi ? - _____

❹ 語を並び変えて、正しい文を作りましょう。 ✏️

1. voudrais / du / je / sport / faire / .   ➔ _____
2. que / fais / est-ce / tu / qu' / ?   ➔ _____
3. à / mange / elle / frites / midi / des / .   ➔ _____

Leçon 15

C'est la Chandeleur !

la farine　　le lait　　l'eau　　　　le beurre　　des œufs　　le sucre

Grammaire 1　文法

> **部分冠詞**
>
> 数えられないもの（液体、粉など）を表す名詞には、不定冠詞の代わりに部分冠詞「du」/「de la」（英語の「some」）を用います。
>
> | | 不定冠詞 | 部分冠詞 |
> |---|---|---|
> | 男性形 | un ~ | du ~ |
> | 女性形 | une ~ | de la ~ |
>
> 母音または無音の「h」で始まる名詞の前では、男性形・女性形ともに「de l'」となります。

⭐ Vocabulaire　単語　次の名詞の前に部分冠詞を書きましょう。

……… farine　　　……… beurre　　　……… eau

……… lait　　　……… sucre

> Compléter avec la p. 50 et le dictionnaire :
>
> ……… chocolat　　　……… café　　　……… thé
>
> ……… pain　　　……… confiture

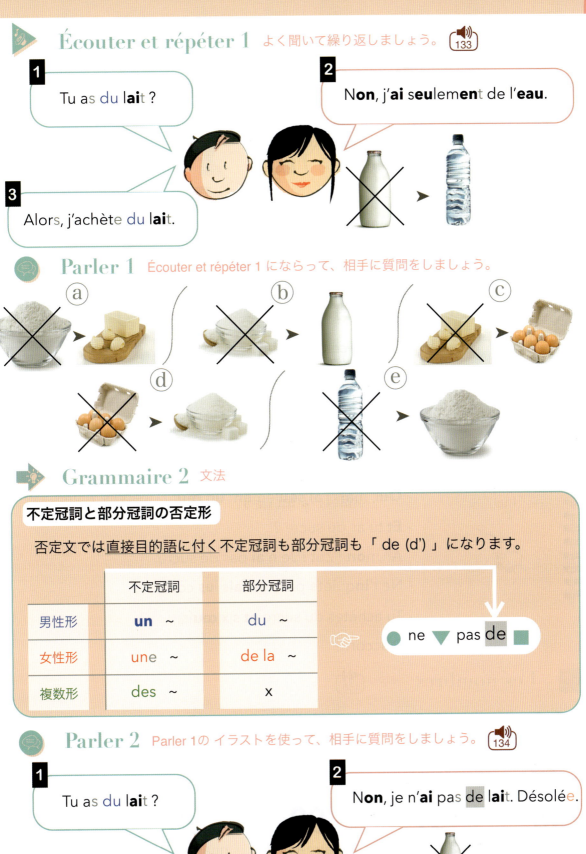

Parler 3   Parler 1の イラストを使って、相手に質問をしましょう。

1. Je f**ai**s l**es** courses. Qu'**est**-ce que j'achète ?
2. Tu achètes de l'**eau**, d'accord ?
3. D'accord. J'achète **au**ssi du l**ai**t ?
4. N**on**, n'achète pas de l**ai**t. Achète s**eu**lem**en**t de l'**eau**.

 Écouter et répéter 2   よく聞いて繰り返しましょう。

Les courses

- Qu'**est**-ce que tu f**ai**s ?
- Je f**ai**s d**es** crêpes.
- Tu as de la farine ?
- **Ou**i, j'**ai** de la farine.
- Tu as d**es** œufs ?
- **Ou**i, m**ai**s j'**ai** s**eu**lem**en**t un œuf.
- **Et** tu as du sucre ?
- Ah, n**on** ! Zut ! Je n'**ai** pas de sucre.
- Ne t'**in**quiète pas ! Je f**ai**s l**es** courses.
- Tu achètes du sucre **et** six œufs.
- D'accord.

faire	
je	fai**s**
tu	fai**s**
il / elle / on	fai**t**
vous	fai**tes**

Les nombres   数字

91 quatre-vingt-**onze**

92 quatre-vingt-d**ou**ze

93 quatre-vingt-treize

94 quatre-vingt-quatorze

95 quatre-vingt-qu**in**ze

96 quatre-vingt-seize

97 quatre-vingt-dix-sept

98 quatre-vingt-dix-huit

99 quatre-vingt-dix-neuf

100 c**en**t

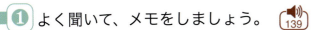
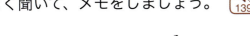

❶ よく聞いて、メモをしましょう。 🔊139

- a -   - b -   - c -   - d -

❷ 否定文にしましょう。 ✏️

例 : J'achète un gâteau.
　　→ Je n'achète pas de gâteau.

1. J'achète une glace. → _____
2. Elle a de la farine. → _____
3. J'aime beaucoup le chocolat. → _____
4. Tu achètes des fleurs. → _____
5. Je fais les courses. → _____
6. C'est une boîte. → _____
7. Il y a du sucre. → _____

❸ フランス語に訳しましょう。 ✏️

1. 朝私はスポーツをします。 → _____
2. 今日彼女は料理をしています。 → _____

Dans la classe 2

Leçon 1+

Vocabulaire 単語

下の表を埋めましょう。

| 👨 | portugais | _____ | russe | _____ | asiatique |
| 👩 | _____ | pakistanaise | _____ | suisse | _____ |

Écouter et répéter   よく聞いて繰り返しましょう。

フランスでは、男の子同士が出会ったり別れたりするときに、握手をします。
男の子と女の子、または女の子同士が出会うときは、両頬に軽くキスをし合います。
家族の中では、「おはよう」や「いってきます」などを言うときや、
顔を合わせたり別れたりするたびに、軽くキスをします。

Salut Lucien.

Ça va ?

Ça va bien, merci.

Salut Marion.

Oui, ça va. Et toi ?

Grammaire 文法

アクセントは綴りの一部！

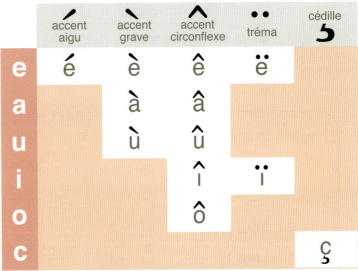

フランス語のアクセント（アクサン）記号は、発音に影響するものと、そうでないものがあります。
発音に影響するものは、
① e につくもの（ë以外のé, è, ê）
② セディーユ（ç）
③ トレマ（主にï）です。
その他のアクセントは、意味に影響するものもあります。綴りの一部として忘れずにつけましょう。

アクセント記号が発音に影響するとき、次のように発音します。
① é は「イ」の口の形で、è と ê は「ア」の口の形で、「エ」と発音します。
② ç は « s » と同じように発音します。
③ ï は、直前の母音と切り離して、「イ」と発音します。

Leçon 2+

 ## Vocabulaire 単語

下の表を埋めましょう。

♂	vietnami**en**	_____	brésili**en**	canadi**en**	_____
♀	_____	**in**donési**enne**	_____	_____	**aus**trali**enne**
♂	maroc**ain**	_____	**eu**ropé**en**	espagn**ol**	allem**an**d
♀	_____	afric**ai**ne	_____	_____	_____
♂	_____	musici**en**	_____	serv**eur**	_____
♀	pharmaci**enne**	_____	chirurgi**enne**	_____	v**en**d**euse**

 ## Grammaire 文法

「君」？「あなた」？

初対面や目上の人には、vous「あなた」を使います。初対面の男性に「あなたはアメリカ人ですか？」と聞くとき、Tu es américain ? と言う代わりに、Vous êtes américain ? と言って聞きます。このとき、vous êtes はリエゾンして濁って発音されます（Leçon 6）。

tu「君」も vous「あなた」も、複数形はともに vous です（Leçon 7）。

 ## Écouter et répéter よく聞いて繰り返しましょう。

> Vous êtes étudi**an**t ?

> **Ou**i, je suis à l'université Paris 4. **Et v**ou**s** ?

> **M**o**i**, je suis lycéenne **au** lycée Notre-Dame.

Exercices

① 単語を完成させ性別を選びましょう。 ② 会話を完成させましょう。

		男	女
a.	fr_n_a_s	☐	☐
b.	jap_n_i_e	☐	☐
c.	_ngl_i_	☐	☐
d.	afr_ca_n_	☐	☐
e.	se_v_u_	☐	☐
f.	_har_ac_en_e	☐	☐

- Salut.
- _____.
- Ça ___ ?
- Oui, ça ___ bien, _____ . Et ___ ?
- Ça ___ , _____ . Je m'appelle Hua.
- Pardon ?
- H.U.A. ___ suis chinois. ___ toi ?
- Je m'appelle Marion. ___ suis _____.

Leçon 3+

 Vocabulaire 単語

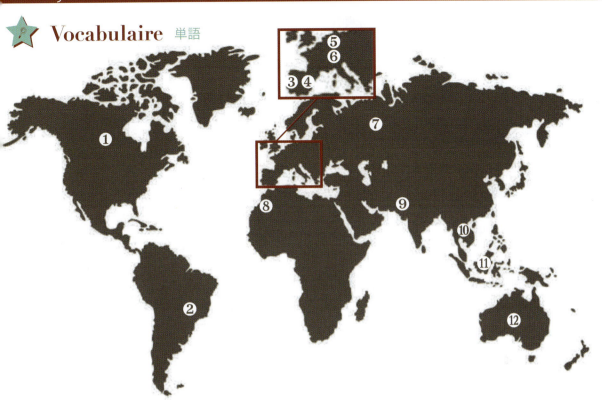

 Compléter 国を表す地図上の番号と、国籍の男性形と女性形を書きましょう。 🔊 146

Vietnam ⑩	vietnamien	Portugal		Russie		**Au**stralie	
	vietnamienne	…..		…..		…..	
Pakist**an**		Brésil		Suisse		Allemagne	
…..		…..		…..		…..	
Maroc		Canada		Espagne		**In**donésie	
…..		…..		…..		…..	

⚠ 綴りが e で終わる国名は女性名詞（Franc**e**, Angleterr**e**…）、それ以外は男性名詞（Japon）です。s で終わる国名は複数名詞です（États-Uni**s**）。

 Écouter et répéter よく聞いて繰り返しましょう。 🔊 147

- V**ou**s v**ou**s appel**ez** comm**en**t ?
- Je m'appelle Éloïse.
- Pard**on** ?
- Éloïse. E acc**en**t **ai**gu, L, O, I tréma, S , E.
- V**ou**s habit**ez** où ?
- J'habite **en** Allemagne.

Leçon 4+

Grammaire 文法

動詞の活用

フランス語の動詞の9割は、原形の語尾が er で終わり、規則的な活用をします。parler や habiter のほか、aimer (Leçon 10) や préférer (Leçon 11) も er 動詞に属します。原形の er の部分を表の語尾のように変化させれば、活用表の出来上がり！

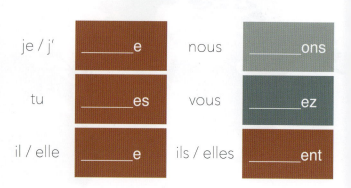

語尾の読み方： ■ 発音しません。　■ / ɛ / と発音します。　■ / ɔ̃ / と発音します。

Écouter et répéter　よく聞いて繰り返しましょう。

V**ou**s parl**ez** qu**el**les l**an**gues ?

Je parle espagnol **et** allem**an**d.

Grammaire 文法

「何の○○ ?」と尋ねてみよう

「何の（どの）」を意味する quel は、後ろの単語の性・数に合わせて、4通りに変化します（単独での発音は変わりません）。

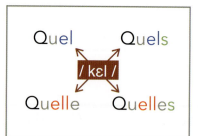

Exercices

① 適切な語尾で埋めましょう。

a. Nous habit____ au Maroc.

b. Elles parl____ portugais.

c. Vous habit____ où ?

② 適切な主語で埋めましょう。

a. ____ habites en Suisse ?

b. ____ parlons espagnol.

c. ____ parlent quelles langues ?

③ 必要なら適切な語で文を埋めましょう。

a. Je suis ____ brésilien.

b. Il habite ____ Brésil.

c. Vous parlez ____ portugais ?

d. Nous sommes ____ Suisse.

e. Tu habites ____ États-Unis !

④ 必要なら適切な語尾で語を埋めましょう。

a. Elle est allemand____.

b. Elle parle allemand____.

Leçon 5+

Grammaire 文法

être 動詞

être は「～は…です」という意味で、最重要動詞の一つです。être の後ろにくる属詞（職業、国籍、形容詞など）は、主語の性別と数に合わせて形が変わります。

être			
je	suis	nous	sommes
tu	es	vous	êtes
il / elle	est	ils / elles	sont

être de ～ は「～の出身」の意味

être の後ろに「de ＋地名」を続けると、「～の出身です」の意味になります。東京の出身なら Je **suis de** Tokyo. 日本出身なら Je **suis du** Japon. と言います。ただし、フランスの出身は Je **suis de** France. となります。

Écouter et répéter　よく聞いて繰り返しましょう。

- V**ou**s êtes canadi**en**s ?
- **Ou**i, n**ou**s sommes de M**on**tréal.

- V**ou**s parl**ez** fr**an**ç**ai**s, alors ?
- **Ou**i, n**ou**s parl**on**s **an**gl**ai**s et fr**an**ç**ai**s.

- Là-bas, qui **est**-ce ?
- C'**est** Malika **et** Farida.

- Elles parlent arabe ?
- Bi**en** sûr, elles s**on**t maroc**ai**nes.

- Elles parlent **au**ssi fr**an**ç**ai**s ?
- **Ou**i, elles parlent très bi**en** fr**an**ç**ai**s.

- Elles habitent **où** ?
- À Paris, m**ai**s elles s**on**t de Casabl**an**ca.

Leçon 6+

⭐ Vocabulaire 単語

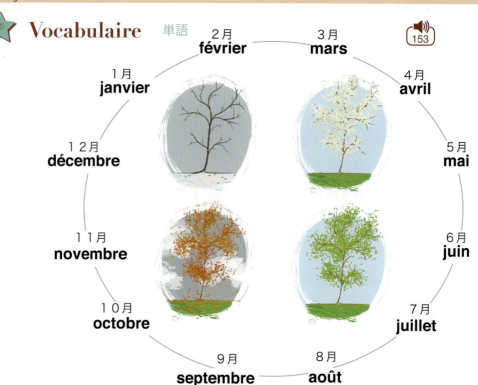

- 1月 janvier
- 2月 février
- 3月 mars
- 4月 avril
- 5月 mai
- 6月 juin
- 7月 juillet
- 8月 août
- 9月 septembre
- 10月 octobre
- 11月 novembre
- 12月 décembre

🔊 Écouter et répéter よく聞いて繰り返しましょう。

Au**jou**rd'hui,   c'**est** / on est / **nou**s sommes   le   com**bien** ?

lun**di** **1ᵉʳ** m**ai**
mardi 2 ju**in**
mercredi 3 a**oû**t
...

1日（ついたち）は le premier(1er) と言います。

Exercices

① 単語を完成させましょう。

a. f_vr_ _r
b. j_i_le_
c. _an_i_r
d. _v_ _l
e. _c_ob_e
f. a_ _o r_'_u_

② 会話を完成させましょう。

- Bonjour, vous _____ anglais ?
- Oui, nous _____ un peu anglais.
- Vous _____ ___ Paris ?
- Non, nous _____ de Sienne.
  Mais, nous _____ à Paris.
- Sienne, c'est où ?
- C'est __ _____ ___ Florence.
- Ah, vous _____ italiens !

Leçon 7+

 ## Grammaire 1 文法   ## Vocabulaire 単語

avoir	
j' ai	nous avons
tu as	vous avez
il / elle a	ils / elles ont

avoir : raison ⇔ tort / peur / honte
être : content(e) ⇔ triste /
intéressant(e) / mince ⇔ gros(se) /
sympa* ⇔ méchant(e) / joli(e) /
jeune ⇔ âgé(e)

*sympathique

← Quelle liaison entendez-vous ?
リエゾンしている箇所は？

 ## Grammaire 2 文法

Est-ce que をつけて、少し丁寧に

Oui か Non で答えられる質問には、文頭に Est-ce que をつけて尋ねることができ、より丁寧になります。Est-ce que をつけるとイントネーションを上げる必要がなくなるので、電話のような聞こえにくい場面でもよく使われます。

例えば、Vous avez soif ? に Est-ce que をつけると、Est-ce que vous avez soif ? となります。母音や無音のhの前では、Est-ce qu' をつけます（例：Est-ce qu'il a soif ?）。

 ## Écouter et répéter   よく聞いて繰り返しましょう。

Est-ce qu'elles **on**t tort ?

N**on**, elles n'**on**t pas tort.
Elles **on**t r**ai**s**on**.

 ## Grammaire 3 文法

形容詞の女性形

男性形がeで終わっているもの：男性形 = 女性形	→	jeune
男性形にeをつける	→	grand grande
特別な語尾変化をする	→	gros grosse italien italienne

形容詞の複数形

| 単数形にsをつける | → | grand grands grande grandes |
| 単数形がsで終わっているもの：単数形 = 複数形 | → | gros gros   grosse grosses |

Leçon 8+

 Écouter et répéter　よく聞いて繰り返しましょう。

- Qu'**est**-ce que c'**est** ?
- C'**est un** ordinat**eu**r.

- **Est**-ce que c'**est** cher ?
- **Ou**i, c'**est** cher, m**ais** c'**est** très bi**en**.

- **Et** ça ?
- Ce s**on**t d**es** livres de maths.

- Ils s**on**t **in**téress**an**ts ?
- **No**n, ils ne s**on**t pas très **in**téress**an**ts.

 Grammaire　文法

複数のものについては、どう答える？

「これは何ですか？」と聞くとき、C'est quoi ? よりも丁寧なのが、Qu'est-ce que c'est ? です（Leçon 14）。（反対に、よりくだけた表現として C'est quoi, ça ? もよく使われます）。

単数のものについては、C'est un / une ….で答えますが、複数のものについては Ce sont des … と言って答えます。ただし、複数のものについて尋ねるときは、単数のときと同じように聞きます。

例：Qu'est-ce que c'est ? - <u>C'est une</u> baguette.
　　Qu'est-ce que c'est ? - <u>Ce sont des</u> baguettes.

Exercices

① 女性形にしましょう。

a. Il est intéressant. → _____
b. Tu es méchant. → _____
c. Je suis gros. → _____
d. Ils sont contents. → _____

② 複数形にしましょう。

a. Tu es mince. → _____
b. Je suis jeune. → _____
c. Elle a tort. → _____

③ 反対語を結びましょう。

- sympa •　　• gros
- triste •　　• grand
- mince •　　• content
- raison •　　• âgé
- petit •　　• tort
- jeune •　　• méchant

Leçon 9+

Vocabulaire 単語

un arbre / un jardin / un vélo / un stylo / un ordinateur / une maison / une plante / des lunettes / les courses

Écouter et répéter 1   よく聞いて繰り返しましょう。

Où est le sac ?

Il est sur la table.

Où son**t l**es lunettes ?

Elles s**on**t d**an**s le sac.

Où est le vélo de Julia ?

Il **est** à côté de la m**ais**on.

Qui a **un** portable ?

C'**est** Julia.

Grammaire 文法

「この・その・あの」は指示形容詞で

「この・その・あの」を表す ce は、名詞の性・数に合わせて3通りに変化します。ただし、男性名詞でも母音か無音の h で始まる単語の前では、発音の便宜上 cet を使います（例：cet avion）。

	単数	複数
男性	ce / cet	ces
女性	cette	ces

ce jardin, cet arbre, cette maison, ces vélos, ces lunettes

Écouter et répéter 2   よく聞いて繰り返しましょう。

Cette m**ais**on **est** à qui ?

C'**est** la m**ais**on de Jakkrit.

Ce portable **est** à qui ?

C'**est** le portable de Julia.

Leçon 10+

 Grammaire 文法

一般的な動作を表す faire（する、作る）は不規則動詞です。特に nous faisons は綴りの通りに発音をしないので注意しましょう。

faire			
je	fais	nous	faisons
tu	fais	vous	faites
il	fait	ils	font

 Écouter et répéter よく聞いて繰り返しましょう。

Tu f**ai**s la cuisine ?

Je ne conn**ai**s pas. Qu'**est**-ce que c'**est** ?

Tu **ai**mes la cuisine japon**ai**se ?

Et tu **ai**mes quel plat japon**ai**s ?

Oui, je f**ai**s un c**ou**sc**ou**s.

C'**est un** plat maroc**ain**. C'**est** très b**on** !

Oui, j'**ai**me b**eau**c**ou**p.

J'adore l**es** sushis !

Exercices

① 下のイラストを見ながら質問と答えを作りましょう。

a. _____

b. _____

c. _____

② **faire**を活用させましょう。

a. Elle _____ du sport.
b. Vous _____ la cuisine.
c. Ils _____ les courses.
d. Je _____ un gâteau au chocolat.

③ 適切な指示形容詞で文を埋めましょう。

a. Vous aimez bien ____ plante ?
b. ____ jardin est joli.
c. ____ vélos sont petits.
d. Je préfère ____ ordinateur.

Leçon 11+

⭐ Vocabulaire 1 単語

faire du shopping / parler avec des ami(e)s / aller au cinéma / aller au karaoké / chanter seul(e) ou avec des amis / danser / manger / nager / préparer

➡ Grammaire 文法

à と le が合体すると

場所を表す **à** の後ろに **le** が続くと **au** になり、**les** が続くと **aux** になります。「映画館」は le cinéma ですが、aller à le cinéma と言うことはできません。

à の後ろに **l'** や **la** が続いた場合は aller à l'hôpital, aller **à la** poste のように言うことができます。ただし国名が続く場合、**à + la** は使わず **en** を使うので注意しましょう（例：aller **en** France）。

aller			
je	vais	nous	allons
tu	vas	vous	allez
il	va	ils	vont

manger は、nous の活用形に注意！

er動詞は規則的な活用をしますが、発音の便宜上、語幹が変化するものもあります。manger もその一つ。nous の活用形で e を足すことで、語幹の音が [g] になるのを防いでいます。

manger			
je	mange	nous	mang**e**ons
tu	manges	vous	mangez
il	mange	ils	mangent

☕ Écouter et répéter よく聞いて繰り返しましょう。

- Qu'**est**-ce que v**ou**s f**ai**tes **en** a**oû**t ?
- **Où est**-ce que v**ou**s all**ez** ?
- N**ou**s v**oy**age**on**s à l'étr**an**g**er**.
- N**ou**s all**on**s **au**x États-Unis.

⭐ Vocabulaire 2 単語

le café / le cinéma / le restaurant / le lycée / la poste / la bibliothèque / la piscine / l'hôtel / l'hôpital / l'université

Leçon 12+

 ## Grammaire 文法

「○○は何ですか？」は Quel est ～ ?

Leçon 4+ で学習した quel は、être 動詞と一緒に、Quel est ～？「○○は何ですか？」のように使うこともできます。「彼（女）の職業は何ですか？」は Quelle est sa profession ? と言います。être の後ろの名詞の性・数に合わせて Quel / Quelle est ～？ Quels / Quelles sont ～？の４通りの聞き方が可能です。「君の一番好きなスポーツは何？」Quel est ton sport préféré ? の préféré(e)(s) は、「一番好きな」という意味の形容詞です。直前の名詞に合わせて、性・数を変化させましょう。

 ## Écouter et répéter 1 よく聞いて繰り返しましょう。 170

- Quelle est ta profession ?
- Je suis ingénieur.
- Quel est ton plat français préféré ?
- C'est le pot au feu.

 ## Vocabulaire 単語 171

au printemps / en été / en automne / en hiver

Écouter et répéter 2 よく聞いて繰り返しましょう。 172

- Ton anniversaire, c'est quand ?
- Mon anniversaire, c'est le 31 janvier.
- Mais, c'est aujourd'hui ! Bon anniversaire !
- Merci !

Exercices

① (　　) の動詞を活用させましょう。

a. Vous _____ (faire) du shopping.
b. Je _____ (chanter) au karaoké.
c. Nous _____ (nager) jeudi.
d. Tu _____ (préparer) ton voyage ?
e. Elles _____ (danser) avec des amis.
f. Il _____ (faire) la cuisine.
g. Je _____ (aller) à l'hôtel.

② 適切な語で文を完成させましょう。

a. Tu vas _____ cinéma ?
b. Vous voyagez _____ Japon !
c. Ils vont _____ hôtel.
d. Nous étudions _____ bibliothèque.

③ 適切な語で文を完成させましょう。

a. _____ est ton film préféré ?
b. _____ est ta saison préférée ?

Leçon 13+

Grammaire 1 文法

> arriver à ＋ 場所　à ＋ 時刻
> partir de ＋ 場所　à ＋ 時刻

arriver

j' arrive	nous arrivons
tu arrives	vous arrivez
il arrive	ils arrivent

partir

je pars	nous partons
tu pars	vous partez
il part	ils partent

Écouter et répéter　よく聞いて繰り返しましょう。

- Le tr**ain** part de N**an**tes à quelle h**eu**re ?
- Il part de N**an**tes à 9 h**eu**res 45.

- Le tr**ain** arrive à Paris à quelle h**eu**re ?
- Il arrive à Paris à 11 h**eu**res 37.

Grammaire 2 文法

arriver と partir の後ろには à ？ de ？ どちらがつく？

「〜（場所）**に**到着する」と言うとき、＜arriver **à**＋場所＞を使います。到着地が国名の場合、＜à＋冠詞＞が変化します（Leçon 3, Leçon11+）。

「〜（場所）**から**出発する」と言うとき、＜partir **de**＋場所＞を使います。出発地が国名の場合、＜de＋冠詞＞が変化します（Leçon 5+）。例：Le train part **de** France ou **du** Portugal ?（列車はフランスかポルトガルのどちらから出発しますか？）

arriver と partir ともに、時刻を続けるときは＜à＋時刻＞を使います。

	場所 (1) / 国 (2)				都市名	
	男性	女性	母音・h	複数	規則	母音・h
arriver / aller / habiter / étudier…	au	à la (1)	à l' (1)	aux	à	à
		en (2)				
partir / être	du	de la (1)	de l' (1)	des	de	d'
		de (2)	d' (2)			

⚠ 目的地（aller, arriver…）と現在地（être, habiter…）は à を用い、出発点（partir）や出身地（être）は de を用いて表します。

Leçon 14+

 Grammaire 文法

フランス語で、将来の願望や夢を語ろう！

将来の願望は、Je voudrais の後ろに動詞の原形を続けて表します。「エンジニアになりたいです」は、Je voudrais être ingénieur.「大学で勉強したいです」は、Je voudrais étudier à l'université. と言います。

相手に質問するときは、Qu'est-ce que tu voudrais faire plus tard ? または Qu'est-ce que vous voulez faire plus tard ? と言って聞きましょう。

未来の動作は、動詞 aller を用いて Je vais étudier à l'université.（大学で勉強します）と言います。aller は本来「行く」の意味ですが、動詞の原形と一緒に用いることで、後ろの動詞が未来の動作を表すことを示します。aller は不規則な活用をします。

 Écouter et répéter よく聞いて繰り返しましょう。

- Qu'est-ce que tu voudrais faire plus tard ?

- Je voudrais encore étudier le français et travailler au Canada. Et toi ?

- Je voudrais être ingénieur. Cette année, je vais étudier aux États-Unis.

- Tu vas partir quand ?

- Je vais partir en août parce que l'université commence en septembre.

Exercices

① 例にならって文を作りましょう。　② 会話を完成させましょう。

例　je / partir / Allemagne
→ Je pars en Allemagne.

a. vous / arriver / Japon
b. tu / aller / Paris
c. ils / partir / Espagne
d. nous / voyager / États-Unis
e. je / étudier / Angleterre

- Qu'est-ce que vous _____ faire plus tard ?
- Je _____ être pâtissier. Je ____ partir __ France pour _____ dans un restaurant. Et vous ?
- Moi, je _____ être docteur parce que ____ père est docteur. Je _____ partir ___ États-Unis ___ _____ pour étudier __ _____.
- Vous _____ être docteur !

Leçons 1, 2, 3 & 4

A　セリフを聞いて文を完成させましょう。答え合わせの後、練習してみましょう。

Yves : Bonjour ! _____ _____ comment ?

Min : Je _____ Min. Et _____ ?

Yves : Moi, ____ _____ Yves. Enchanté.

_____ _____ à Paris ?

Min : Non, _____ à New-York, _____ États-Unis.

Yves : Ah bon ! _____ _____ anglais ?

Min : Oui, _____ _____ anglais, français et _____.

Et toi ? ____ _____ anglais ?

Yves : Non, ____ ___ _____ _____ anglais, mais je _____

un peu japonais.

Min : Ouah ! ____ _____ _____ Japon ?

Yves : Oui, _____ _____Sapporo. Je suis étudiant.

Min : Moi _____.

B　会話を聞き、正しい答えに ✔ をつけましょう。

	vrai (○)	faux (X)
1. Il s'appelle Jun.		
2. Il est ingénieur.		
3. Maya parle deux langues.		
4. Il parle aussi italien.		
5. Maya habite en Corée.		

Leçons 4, 5 & 6

A セリフを聞いて文を完成させましょう。答え合わせの後、練習してみましょう。

Hyuna : Tu es _____ ?

Marco : Non, je ___ suis _____ _____. Je suis_____.

Et toi, tu es _____ ?

Hyuna : Non, je ne suis pas _____. Je suis _____.

Tu habites à Paris ?

Marco : Non, je _____ _____ à Paris. J'habite à Rome.

Et toi, tu habites à Paris ?

Hyuna : Moi non plus, je _____ _____ à Paris.

J'habite à Pékin, _____ _____, donc je _____ bien

chinois.

Marco : Moi, je ne_____ pas chinois, mais je _____ coréen !

Hyuna : Ah bon ! On _____ en coréen alors ?

Marco : Pourquoi pas !

B 会話を聞き、正しい答えに ✔ をつけましょう。

	vrai (O)	faux (X)
1. Masha ne parle pas bien français.		
2. Louis a 22 ans.		
3. Masha n'habite pas à Paris.		
4. Marc est en Australie.		
5. Marc, c'est un musicien allemand.		

Leçons 7, 8 & 9

A
セリフを聞いて文を完成させましょう。答え合わせの後、練習してみましょう。 🔊 184

G1 Salut ! Ça va ?

G2 Oui, mais on _____ un peu _____. C'est _____ _____ aujourd'hui ? On _____ oublié.

G1 On _____ jeudi. Vous êtes _____ ?

G2 Oui, on _____ _____ aussi. Et vous, vous _____ pas _____ ?

G1 Non, on _____ pas _____. On _____ pas _____ non plus. _____, on _____ juste français, samedi on _____ sport, et après, c'est _____.

G2 Et le professeur, il est _____ ?

G1 Non, il _____ pas _____. Il n'est pas _____ non plus, mais il a toujours _____ !

B
会話を聞き、正しい答えに ✔ をつけましょう。 🔊 185 🔊 186

	vrai (○)	faux (X)
1. Il y a un sac sur la table.		
2. Il y a une glace sur la table.		
3. Il y a un potable sur le cahier.		
4. Il y a une boîte sur le portable.		
5. Le portable est à Julie.		

Leçons 10, 11 & 12

A
セリフを聞いて文を完成させましょう。答え合わせの後、練習してみましょう。

🔊 187

Yves : _____ _____ vous êtes _____ ?

Min : Non, je ne suis pas fatigué mais j'ai très _____ !

Yves : _____ _____ _____ _____ crêpes _____ la table.

Min : _____ crêpes au chocolat ? Je _____ pas _____ le chocolat.

Yves : C'est dommage ! ____ _____ _____ aussi _____ _____.

Vous _____ _____ pain, non ?

Min : Non, je_____ _____ pain. Je _____ pas _____

_____ _____ non plus. Je _____ _____

_____ restaurant.

B
会話を聞き、正しい答えに✔をつけましょう。 🔊 188 🔊 189

	vrai (○)	faux (X)
1. Le frère de Paul aime le football.		
2. Le frère de Paul a soif.		
3. Sa sœur habite en France.		
4. Sa sœur aime étudier l'anglais.		
5. Sa sœur préfère le basket.		

Leçons 13, 14 & 15

A
セリフを聞いて文を完成させましょう。答え合わせの後、練習してみましょう。

mère : _____ _____ manger _____ quiches, les enfants ?

enfant 1 : Oui, super ! On _____ ! On voudrait manger _____ quiches, maman !

mère : Mais… _____ _____ _____ pas _____ œufs… Vous _____ _____ œufs et aussi _____ fromage _____ supermarché ?

enfant 1 : D'accord. On _____ combien ____ œufs ? _____ _____ ?

mère : Non, il faut _____ œufs. Donc, _____ _____ œufs. On va aussi _____ une omelette _____.

enfant 2 : Ah non, maman ! On _____ pas _____ les omelettes.

mère : Bon. _____ _____ pas _____ quiches non plus, alors.

enfant 2 : Bon d'accord, maman ! On _____ une omelette _____. Et il faut _____ _____ grammes _____ fromage ?

mère : _____ 300 g _____ fromage, c'est bien.

enfant 2 : C'est noté. On y va !

B
会話を聞き、正しい答えに ✔ をつけましょう。

	vrai (O)	faux (X)
1. Il y a deux serveurs.		
2. Il voudrait une salade mixte.		
3. Elle voudrait un gâteau.		
4. Elle a faim.		
5. Elle ne veut pas de jus.		

プティットゥ・コンヴェルサスィオン

Loïc Roguès（ロイク・ホゲス）著

浅見　子緒　協力

2018. 2. 1　初版発行
2023. 3. 1　4 刷発行

発行者　井　田　洋　二

〒 101-0062 東京都千代田区神田駿河台 3 の 7
発行所　電話　03(3291)1676 FAX 03(3291)1675
　　　　振替　00190-3-56669

株式会社　駿河台出版社

製版・印刷・製本　(株)フォレスト
ISBN978-4-411-00834-3　C1085

http://www.e-surugadai.com

動詞活用表

◇ 活用表中，現在分詞と過去分詞はイタリック体，
また書体の違う活用は，とくに注意すること．

accueillir	22	écrire	40	pleuvoir	61
acheter	10	émouvoir	55	pouvoir	54
acquérir	26	employer	13	préférer	12
aimer	7	envoyer	15	prendre	29
aller	16	être	2	recevoir	52
appeler	11	être aimé(e)(s)	5	rendre	28
(s')asseoir	60	être allé(e)(s)	4	résoudre	42
avoir	1	faire	31	rire	48
avoir aimé	3	falloir	62	rompre	50
battre	46	finir	17	savoir	56
boire	41	fuir	27	sentir	19
commencer	8	(se) lever	6	suffire	34
conclure	49	lire	33	suivre	38
conduire	35	manger	9	tenir	20
connaître	43	mettre	47	vaincre	51
coudre	37	mourir	25	valoir	59
courir	24	naître	44	venir	21
craindre	30	ouvrir	23	vivre	39
croire	45	partir	18	voir	57
devoir	53	payer	14	vouloir	58
dire	32	plaire	36		

◇ 単純時称の作り方

不定法
—er [e]
—ir [ir]
—re [r]
—oir [war]

現在分詞
—ant [ã]

	直説法現在		接続法現在		直説法半過去	
je (j')	—e	[無音]	—s	[無音]	—e	[無音]	—ais	[ɛ]
tu	—es	[無音]	—s	[無音]	—es	[無音]	—ais	[ɛ]
il	—e	[無音]	—t	[無音]	—e	[無音]	—ait	[ɛ]
nous	—ons	[ɔ̃]			—ions	[jɔ̃]	—ions	[jɔ̃]
vous	—ez	[e]			—iez	[je]	—iez	[je]
ils	—ent	[無音]			—ent	[無音]	—aient	[ɛ]

	直説法単純未来		条件法現在	
je (j')	—rai	[re]	—rais	[rɛ]
tu	—ras	[ra]	—rais	[rɛ]
il	—ra	[ra]	—rait	[rɛ]
nous	—rons	[rɔ̃]	—rions	[rjɔ̃]
vous	—rez	[re]	—riez	[rje]
ils	—ront	[rɔ̃]	—raient	[rɛ]

	直説法単純過去					
je	—ai	[e]	—is	[i]	—us	[y]
tu	—as	[a]	—is	[i]	—us	[y]
il	—a	[a]	—it	[i]	—ut	[y]
nous	—âmes	[am]	—îmes	[im]	—ûmes	[ym]
vous	—âtes	[at]	—îtes	[it]	—ûtes	[yt]
ils	—èrent	[ɛr]	—irent	[ir]	—urent	[yr]

過去分詞	—é [e], —i [i], —u [y], —s [無音], —t [無音]

①**直説法現在**の単数形は，第一群動詞では—e, —es, —e；他の動詞ではほとんど—s, —s, —t．
②**直説法現在**と**接続法現在**では，nous, vous の語幹が，他の人称の語幹と異なること(母音交替)がある．
③**命令法**は，直説法現在の tu, nous, vous をとった形．(ただし—es → e　vas → va)
④**接続法現在**は，多く直説法現在の3人称複数形から作られる．ils partent → je parte.
⑤**直説法半過去**と**現在分詞**は，直説法現在の1人称複数形から作られる．
⑥**直説法単純未来**と**条件法現在**は多く不定法から作られる．aimer → j'aimerai, finir → je finirai, rendre → je rendrai(-oir 型の語幹は不規則)．

1. avoir

直説法

現在分詞	現在		半過去		単純過去	
ayant	j'	ai	j'	avais	j'	eus [y]
	tu	as	tu	avais	tu	eus
	il	a	il	avait	il	eut
過去分詞	nous	avons	nous	avions	nous	eûmes
eu [y]	vous	avez	vous	aviez	vous	eûtes
	ils	ont	ils	avaient	ils	eurent

命令法	複合過去			大過去			前過去		
	j'	ai	eu	j'	avais	eu	j'	eus	eu
aie	tu	as	eu	tu	avais	eu	tu	eus	eu
	il	a	eu	il	avait	eu	il	eut	eu
ayons	nous	avons	eu	nous	avions	eu	nous	eûmes	eu
ayez	vous	avez	eu	vous	aviez	eu	vous	eûtes	eu
	ils	ont	eu	ils	avaient	eu	ils	eurent	eu

2. être

直説法

現在分詞	現在		半過去		単純過去	
étant	je	suis	j'	étais	je	fus
	tu	es	tu	étais	tu	fus
	il	est	il	était	il	fut
過去分詞	nous	sommes	nous	étions	nous	fûmes
été	vous	êtes	vous	étiez	vous	fûtes
	ils	sont	ils	étaient	ils	furent

命令法	複合過去			大過去			前過去		
	j'	ai	été	j'	avais	été	j'	eus	été
sois	tu	as	été	tu	avais	été	tu	eus	été
	il	a	été	il	avait	été	il	eut	été
soyons	nous	avons	été	nous	avions	été	nous	eûmes	été
soyez	vous	avez	été	vous	aviez	été	vous	eûtes	été
	ils	ont	été	ils	avaient	été	ils	eurent	été

3. avoir aimé

[複合時称]

直説法

分詞複合形	複合過去			大過去			前過去		
ayant aimé	j'	ai	aimé	j'	avais	aimé	j'	eus	aimé
	tu	as	aimé	tu	avais	aimé	tu	eus	aimé
命令法	il	a	aimé	il	avait	aimé	il	eut	aimé
aie aimé	elle	a	aimé	elle	avait	aimé	elle	eut	aimé
	nous	avons	aimé	nous	avions	aimé	nous	eûmes	aimé
ayons aimé	vous	avez	aimé	vous	aviez	aimé	vous	eûtes	aimé
ayez aimé	ils	ont	aimé	ils	avaient	aimé	ils	eurent	aimé
	elles	ont	aimé	elles	avaient	aimé	elles	eurent	aimé

4. être allé(e)(s)

[複合時称]

直説法

分詞複合形	複合過去			大過去			前過去		
étant allé(e)(s)	je	suis	allé(e)	j'	étais	allé(e)	je	fus	allé(e)
	tu	es	allé(e)	tu	étais	allé(e)	tu	fus	allé(e)
命令法	il	est	allé	il	était	allé	il	fut	allé
sois allé(e)	elle	est	allée	elle	était	allée	elle	fut	allée
	nous	sommes	allé(e)s	nous	étions	allé(e)s	nous	fûmes	allé(e)s
soyons allé(e)s	vous	êtes	allé(e)(s)	vous	étiez	allé(e)(s)	vous	fûtes	allé(e)(s)
soyez allé(e)(s)	ils	sont	allés	ils	étaient	allés	ils	furent	allés
	elles	sont	allées	elles	étaient	allées	elles	furent	allées

			条 件 法		接 続 法			
単純未来		現在		現在		半過去		
j'	aurai	j'	aurais	j'	aie	j'	eusse	
tu	auras	tu	aurais	tu	aies	tu	eusses	
il	aura	il	aurait	il	ait	il	eût	
nous	aurons	nous	aurions	nous	ayons	nous	eussions	
vous	aurez	vous	auriez	vous	ayez	vous	eussiez	
ils	auront	ils	auraient	ils	aient	ils	eussent	
前未来		過去		過去		大過去		
j'	aurai	eu	j'	aurais	eu	j'	aie	eu	j'	eusse	eu
tu	auras	eu	tu	aurais	eu	tu	aies	eu	tu	eusses	eu
il	aura	eu	il	aurait	eu	il	ait	eu	il	eût	eu
nous	aurons	eu	nous	aurions	eu	nous	ayons	eu	nous	eussions	eu
vous	aurez	eu	vous	auriez	eu	vous	ayez	eu	vous	eussiez	eu
ils	auront	eu	ils	auraient	eu	ils	aient	eu	ils	eussent	eu

			条 件 法		接 続 法			
単純未来		現在		現在		半過去		
je	serai	je	serais	je	sois	je	fusse	
tu	seras	tu	serais	tu	sois	tu	fusses	
il	sera	il	serait	il	soit	il	fût	
nous	serons	nous	serions	nous	soyons	nous	fussions	
vous	serez	vous	seriez	vous	soyez	vous	fussiez	
ils	seront	ils	seraient	ils	soient	ils	fussent	
前未来		過去		過去		大過去		
j'	aurai	été	j'	aurais	été	j'	aie	été	j'	eusse	été
tu	auras	été	tu	aurais	été	tu	aies	été	tu	eusses	été
il	aura	été	il	aurait	été	il	ait	été	il	eût	été
nous	aurons	été	nous	aurions	été	nous	ayons	été	nous	eussions	été
vous	aurez	été	vous	auriez	été	vous	ayez	été	vous	eussiez	été
ils	auront	été	ils	auraient	été	ils	aient	été	ils	eussent	été

			条 件 法		接 続 法			
前未来		過去		過去		大過去		
j'	aurai	aimé	j'	aurais	aimé	j'	aie	aimé	j'	eusse	aimé
tu	auras	aimé	tu	aurais	aimé	tu	aies	aimé	tu	eusses	aimé
il	aura	aimé	il	aurait	aimé	il	ait	aimé	il	eût	aimé
elle	aura	aimé	elle	aurait	aimé	elle	ait	aimé	elle	eût	aimé
nous	aurons	aimé	nous	aurions	aimé	nous	ayons	aimé	nous	eussions	aimé
vous	aurez	aimé	vous	auriez	aimé	vous	ayez	aimé	vous	eussiez	aimé
ils	auront	aimé	ils	auraient	aimé	ils	aient	aimé	ils	eussent	aimé
elles	auront	aimé	elles	auraient	aimé	elles	aient	aimé	elles	eussent	aimé

			条 件 法		接 続 法			
前未来		過去		過去		大過去		
je	serai	allé(e)	je	serais	allé(e)	je	sois	allé(e)	je	fusse	allé(e)
tu	seras	allé(e)	tu	serais	allé(e)	tu	sois	allé(e)	tu	fusse	allé(e)
il	sera	allé	il	serait	allé	il	soit	allé	il	fût	allé
elle	sera	allée	elle	serait	allée	elle	soit	allée	elle	fût	allée
nous	serons	allé(e)s	nous	serions	allé(e)s	nous	soyons	allé(e)s	nous	fussions	allé(e)s
vous	serez	allé(e)(s)	vous	seriez	allé(e)(s)	vous	soyez	allé(e)(s)	vous	fussiez	allé(e)(s)
ils	seront	allés	ils	seraient	allés	ils	soient	allés	ils	fussent	allés
elles	seront	allées	elles	seraient	allées	elles	soient	allées	elles	fussent	allées

5. être aimé(e)(s) [受動態]

直 説 法						接 続 法		
現 在			複 合 過 去			現 在		
je	suis	aimé(e)	j'	ai	été aimé(e)	je	sois	aimé(e)
tu	es	aimé(e)	tu	as	été aimé(e)	tu	sois	aimé(e)
il	est	aimé	il	a	été aimé	il	soit	aimé
elle	est	aimée	elle	a	été aimée	elle	soit	aimée
nous	sommes	aimé(e)s	nous	avons	été aimé(e)s	nous	soyons	aimé(e)s
vous	êtes	aimé(e)(s)	vous	avez	été aimé(e)(s)	vous	soyez	aimé(e)(s)
ils	sont	aimés	ils	ont	été aimés	ils	soient	aimés
elles	sont	aimées	elles	ont	été aimées	elles	soient	aimées
半 過 去			大 過 去			過 去		
j'	étais	aimé(e)	j'	avais	été aimé(e)	j'	aie	été aimé(e)
tu	étais	aimé(e)	tu	avais	été aimé(e)	tu	aies	été aimé(e)
il	était	aimé	il	avait	été aimé	il	ait	été aimé
elle	était	aimée	elle	avait	été aimée	elle	ait	été aimée
nous	étions	aimé(e)s	nous	avions	été aimé(e)s	nous	ayons	été aimé(e)s
vous	étiez	aimé(e)(s)	vous	aviez	été aimé(e)(s)	vous	ayez	été aimé(e)(s)
ils	étaient	aimés	ils	avaient	été aimés	ils	aient	été aimés
elles	étaient	aimées	elles	avaient	été aimées	elles	aient	été aimées
単 純 過 去			前 過 去			半 過 去		
je	fus	aimé(e)	j'	eus	été aimé(e)	je	fusse	aimé(e)
tu	fus	aimé(e)	tu	eus	été aimé(e)	tu	fusses	aimé(e)
il	fut	aimé	il	eut	été aimé	il	fût	aimé
elle	fut	aimée	elle	eut	été aimée	elle	fût	aimée
nous	fûmes	aimé(e)s	nous	eûmes	été aimé(e)s	nous	fussions	aimé(e)s
vous	fûtes	aimé(e)(s)	vous	eûtes	été aimé(e)(s)	vous	fussiez	aimé(e)(s)
ils	furent	aimés	ils	eurent	été aimés	ils	fussent	aimés
elles	furent	aimées	elles	eurent	été aimées	elles	fussent	aimées
単 純 未 来			前 未 来			大 過 去		
je	serai	aimé(e)	j'	aurai	été aimé(e)	j'	eusse	été aimé(e)
tu	seras	aimé(e)	tu	auras	été aimé(e)	tu	eusses	été aimé(e)
il	sera	aimé	il	aura	été aimé	il	eût	été aimé
elle	sera	aimée	elle	aura	été aimée	elle	eût	été aimée
nous	serons	aimé(e)s	nous	aurons	été aimé(e)s	nous	eussions	été aimé(e)s
vous	serez	aimé(e)(s)	vous	aurez	été aimé(e)(s)	vous	eussiez	été aimé(e)(s)
ils	seront	aimés	ils	auront	été aimés	ils	eussent	été aimés
elles	seront	aimées	elles	auront	été aimées	elles	eussent	été aimées
条 件 法						現在分詞		
現 在			過 去			étant aimé(e)(s)		
je	serais	aimé(e)	j'	aurais	été aimé(e)	過去分詞		
tu	serais	aimé(e)	tu	aurais	été aimé(e)	été aimé(e)(s)		
il	serait	aimé	il	aurait	été aimé			
elle	serait	aimée	elle	aurait	été aimée	命 令 法		
nous	serions	aimé(e)s	nous	aurions	été aimé(e)s	sois	aimé(e)	
vous	seriez	aimé(e)(s)	vous	auriez	été aimé(e)(s)	soyons	aimé(e)s	
ils	seraient	aimés	ils	auraient	été aimés	soyez	aimé(e)(s)	
elles	seraient	aimées	elles	auraient	été aimées			

6. se lever [代名動詞]

直説法

現在
je	me	lève
tu	te	lèves
il	se	lève
elle	se	lève
nous	nous	levons
vous	vous	levez
ils	se	lèvent
elles	se	lèvent

複合過去
je	me	suis	levé(e)
tu	t'	es	levé(e)
il	s'	est	levé
elle	s'	est	levée
nous	nous	sommes	levé(e)s
vous	vous	êtes	levé(e)(s)
ils	se	sont	levés
elles	se	sont	levées

半過去
je	me	levais
tu	te	levais
il	se	levait
elle	se	levait
nous	nous	levions
vous	vous	leviez
ils	se	levaient
elles	se	levaient

大過去
je	m'	étais	levé(e)
tu	t'	étais	levé(e)
il	s'	était	levé
elle	s'	était	levée
nous	nous	étions	levé(e)s
vous	vous	étiez	levé(e)(s)
ils	s'	étaient	levés
elles	s'	étaient	levées

単純過去
je	me	levai
tu	te	levas
il	se	leva
elle	se	leva
nous	nous	levâmes
vous	vous	levâtes
ils	se	levèrent
elles	se	levèrent

前過去
je	me	fus	levé(e)
tu	te	fus	levé(e)
il	se	fut	levé
elle	se	fut	levée
nous	nous	fûmes	levé(e)s
vous	vous	fûtes	levé(e)(s)
ils	se	furent	levés
elles	se	furent	levées

単純未来
je	me	lèverai
tu	te	lèveras
il	se	lèvera
elle	se	lèvera
nous	nous	lèverons
vous	vous	lèverez
ils	se	lèveront
elles	se	lèveront

前未来
je	me	serai	levé(e)
tu	te	seras	levé(e)
il	se	sera	levé
elle	se	sera	levée
nous	nous	serons	levé(e)s
vous	vous	serez	levé(e)(s)
ils	se	seront	levés
elles	se	seront	levées

接続法

現在
je	me	lève
tu	te	lèves
il	se	lève
elle	se	lève
nous	nous	levions
vous	vous	leviez
ils	se	lèvent
elles	se	lèvent

過去
je	me	sois	levé(e)
tu	te	sois	levé(e)
il	se	soit	levé
elle	se	soit	levée
nous	nous	soyons	levé(e)s
vous	vous	soyez	levé(e)(s)
ils	se	soient	levés
elles	se	soient	levées

半過去
je	me	levasse
tu	te	levasses
il	se	levât
elle	se	levât
nous	nous	levassions
vous	vous	levassiez
ils	se	levassent
elles	se	levassent

大過去
je	me	fusse	levé(e)
tu	te	fusses	levé(e)
il	se	fût	levé
elle	se	fût	levée
nous	nous	fussions	levé(e)s
vous	vous	fussiez	levé(e)(s)
ils	se	fussent	levés
elles	se	fussent	levées

条件法

現在
je	me	lèverais
tu	te	lèverais
il	se	lèverait
elle	se	lèverait
nous	nous	lèverions
vous	vous	lèveriez
ils	se	lèveraient
elles	se	lèveraient

過去
je	me	serais	levé(e)
tu	te	serais	levé(e)
il	se	serait	levé
elle	se	serait	levée
nous	nous	serions	levé(e)s
vous	vous	seriez	levé(e)(s)
ils	se	seraient	levés
elles	se	seraient	levées

現在分詞
se levant

命令法
lève-toi
levons-nous
levez-vous

◇ se が間接補語のとき過去分詞は性・数の変化をしない．

不定法 現在分詞 過去分詞	直 説 法			
	現　在	半過去	単純過去	単純未来
7. aimer *aimant* *aimé*	j'　aime tu　aimes il　aime n.　aimons v.　aimez ils　aiment	j'　aimais tu　aimais il　aimait n.　aimions v.　aimiez ils　aimaient	j'　aimai tu　aimas il　aima n.　aimâmes v.　aimâtes ils　aimèrent	j'　aimerai tu　aimeras il　aimera n.　aimerons v.　aimerez ils　aimeront
8. commencer *commençant* *commencé*	je　commence tu　commences il　commence n.　commençons v.　commencez ils　commencent	je　commençais tu　commençais il　commençait n.　commencions v.　commenciez ils　commençaient	je　commençai tu　commenças il　commença n.　commençâmes v.　commençâtes ils　commencèrent	je　commencerai tu　commenceras il　commencera n.　commencerons v.　commencerez ils　commenceront
9. manger *mangeant* *mangé*	je　mange tu　manges il　mange n.　mangeons v.　mangez ils　mangent	je　mangeais tu　mangeais il　mangeait n.　mangions v.　mangiez ils　mangeaient	je　mangeai tu　mangeas il　mangea n.　mangeâmes v.　mangeâtes ils　mangèrent	je　mangerai tu　mangeras il　mangera n.　mangerons v.　mangerez ils　mangeront
10. acheter *achetant* *acheté*	j'　achète tu　achètes il　achète n.　achetons v.　achetez ils　achètent	j'　achetais tu　achetais il　achetait n.　achetions v.　achetiez ils　achetaient	j'　achetai tu　achetas il　acheta n.　achetâmes v.　achetâtes ils　achetèrent	j'　achèterai tu　achèteras il　achètera n.　achèterons v.　achèterez ils　achèteront
11. appeler *appelant* *appelé*	j'　appelle tu　appelles il　appelle n.　appelons v.　appelez ils　appellent	j'　appelais tu　appelais il　appelait n.　appelions v.　appeliez ils　appelaient	j'　appelai tu　appelas il　appela n.　appelâmes v.　appelâtes ils　appelèrent	j'　appellerai tu　appelleras il　appellera n.　appellerons v.　appellerez ils　appelleront
12. préférer *préférant* *préféré*	je　préfère tu　préfères il　préfère n.　préférons v.　préférez ils　préfèrent	je　préférais tu　préférais il　préférait n.　préférions v.　préfériez ils　préféraient	je　préférai tu　préféras il　préféra n.　préférâmes v.　préférâtes ils　préférèrent	je　préférerai tu　préféreras il　préférera n.　préférerons v.　préférerez ils　préféreront
13. employer *employant* *employé*	j'　emploie tu　emploies il　emploie n.　employons v.　employez ils　emploient	j'　employais tu　employais il　employait n.　employions v.　employiez ils　employaient	j'　employai tu　employas il　employa n.　employâmes v.　employâtes ils　employèrent	j'　emploierai tu　emploieras il　emploiera n.　emploierons v.　emploierez ils　emploieront

条件法	接続法		命令法	同型
現在	現在	半過去		
j' aimerais tu aimerais il aimerait n. aimerions v. aimeriez ils aimeraient	j' aime tu aimes il aime n. aimions v. aimiez ils aiment	j' aimasse tu aimasses il aimât n. aimassions v. aimassiez ils aimassent	aime aimons aimez	注語尾 -er の動詞 (除：aller, envoyer) を**第一群規則動詞**と もいう．
je commencerais tu commencerais il commencerait n. commencerions v. commenceriez ils commenceraient	je commence tu commences il commence n. commencions v. commenciez ils commencent	je commençasse tu commençasses il commençât n. commençassions v. commençassiez ils commençassent	commence commençons commencez	**avancer effacer forcer lancer placer prononcer remplacer renoncer**
je mangerais tu mangerais il mangerait n. mangerions v. mangeriez ils mangeraient	je mange tu manges il mange n. mangions v. mangiez ils mangent	je mangeasse tu mangeasses il mangeât n. mangeassions v. mangeassiez ils mangeassent	mange mangeons mangez	**arranger changer charger déranger engager manger obliger voyager**
j' achèterais tu achèterais il achèterait n. achèterions v. achèteriez ils achèteraient	j' achète tu achètes il achète n. achetions v. achetiez ils achètent	j' achetasse tu achetasses il achetât n. achetassions v. achetassiez ils achetassent	achète achetons achetez	**achever amener enlever lever mener peser (se) promener**
j' appellerais tu appellerais il appellerait n. appellerions v. appelleriez ils appelleraient	j' appelle tu appelles il appelle n. appelions v. appeliez ils appellent	j' appelasse tu appelasses il appelât n. appelassions v. appelassiez ils appelassent	appelle appelons appelez	**jeter rappeler rejeter renouveler**
je préférerais tu préférerais il préférerait n. préférerions v. préféreriez ils préféreraient	je préfère tu préfères il préfère n. préférions v. préfériez ils préfèrent	je préférasse tu préférasses il préférât n. préférassions v. préférassiez ils préférassent	préfère préférons préférez	**considérer désespérer espérer inquiéter pénétrer posséder répéter sécher**
j' emploierais tu emploierais il emploierait n. emploierions v. emploieriez ils emploieraient	j' emploie tu emploies il emploie n. employions v. employiez ils emploient	j' employasse tu employasses il employât n. employassions v. employassiez ils employassent	emploie employons employez	**-oyer**(除：envoyer) **-uyer appuyer ennuyer essuyer nettoyer**

不定法 現在分詞 過去分詞	直説法			
	現在	半過去	単純過去	単純未来
14. payer *payant* *payé*	je paye (paie) tu payes (paies) il paye (paie) n. payons v. payez ils payent (paient)	je payais tu payais il payait n. payions v. payiez ils payaient	je payai tu payas il paya n. payâmes v. payâtes ils payèrent	je payerai (paierai) tu payeras (*etc.* . . .) il payera n. payerons v. payerez ils payeront
15. envoyer *envoyant* *envoyé*	j' envoie tu envoies il envoie n. envoyons v. envoyez ils envoient	j' envoyais tu envoyais il envoyait n. envoyions v. envoyiez ils envoyaient	j' envoyai tu envoyas il envoya n. envoyâmes v. envoyâtes ils envoyèrent	j' **enverrai** tu **enverras** il **enverra** n. **enverrons** v. **enverrez** ils **enverront**
16. aller *allant* *allé*	je **vais** tu **vas** il **va** n. allons v. allez ils **vont**	j' allais tu allais il allait n. allions v. alliez ils allaient	j' allai tu allas il alla n. allâmes v. allâtes ils allèrent	j' **irai** tu **iras** il **ira** n. **irons** v. **irez** ils **iront**
17. finir *finissant* *fini*	je finis tu finis il finit n. finissons v. finissez ils finissent	je finissais tu finissais il finissait n. finissions v. finissiez ils finissaient	je finis tu finis il finit n. finîmes v. finîtes ils finirent	je finirai tu finiras il finira n. finirons v. finirez ils finiront
18. partir *partant* *parti*	je pars tu pars il part n. partons v. partez ils partent	je partais tu partais il partait n. partions v. partiez ils partaient	je partis tu partis il partit n. partîmes v. partîtes ils partirent	je partirai tu partiras il partira n. partirons v. partirez ils partiront
19. sentir *sentant* *senti*	je sens tu sens il sent n. sentons v. sentez ils sentent	je sentais tu sentais il sentait n. sentions v. sentiez ils sentaient	je sentis tu sentis il sentit n. sentîmes v. sentîtes ils sentirent	je sentirai tu sentiras il sentira n. sentirons v. sentirez ils sentiront
20. tenir *tenant* *tenu*	je tiens tu tiens il tient n. tenons v. tenez ils tiennent	je tenais tu tenais il tenait n. tenions v. teniez ils tenaient	je tins tu tins il tint n. tînmes v. tîntes ils tinrent	je **tiendrai** tu **tiendras** il **tiendra** n. **tiendrons** v. **tiendrez** ils **tiendront**

条件法	接続法		命令法	同型
現在	現在	半過去		
je payerais (paierais) tu payerais (*etc.*...) il payerait n. payerions v. payeriez ils payeraient	je paye (paie) tu payes (paies) il paye (paie) n. payions v. payiez ils payent (paient)	je payasse tu payasses il payât n. payassions v. payassiez ils payassent	paie (paye) payons payez	[発音] je paye [ʒəpɛj], je paie [ʒəpɛ]; je payerai [ʒəpɛjre], je paierai [ʒəpɛre].
j' enverrais tu enverrais il enverrait n. enverrions v. enverriez ils enverraient	j' envoie tu envoies il envoie n. envoyions v. envoyiez ils envoient	j' envoyasse tu envoyasses il envoyât n. envoyassions v. envoyassiez ils envoyassent	envoie envoyons envoyez	注 未来, 条・現を除いては, 13 と同じ. **renvoyer**
j' irais tu irais il irait n. irions v. iriez ils iraient	j' **aille** tu **ailles** il **aille** n. allions v. alliez ils **aillent**	j' allasse tu allasses il allât n. allassions v. allassiez ils allassent	**va** allons allez	注 y がつくとき命令法・現在は vas: vas-y. 直・現・3 人称複数に ont の語尾をもつものは他に ont(avoir), sont(être), font(faire) のみ.
je finirais tu finirais il finirait n. finirions v. finiriez ils finiraient	je finisse tu finisses il finisse n. finissions v. finissiez ils finissent	je finisse tu finisses il finît n. finissions v. finissiez ils finissent	finis finissons finissez	注 finir 型の動詞を第 2 群規則動詞という.
je partirais tu partirais il partirait n. partirions v. partiriez ils partiraient	je parte tu partes il parte n. partions v. partiez ils partent	je partisse tu partisses il partît n. partissions v. partissiez ils partissent	pars partons partez	注 助動詞は être. **sortir**
je sentirais tu sentirais il sentirait n. sentirions v. sentiriez ils sentiraient	je sente tu sentes il sente n. sentions v. sentiez ils sentent	je sentisse tu sentisses il sentît n. sentissions v. sentissiez ils sentissent	sens sentons sentez	注 18 と助動詞を除けば同型.
je tiendrais tu tiendrais il tiendrait n. tiendrions v. tiendriez ils tiendraient	je tienne tu tiennes il tienne n. tenions v. teniez ils tiennent	je tinsse tu tinsses il tînt n. tinssions v. tinssiez ils tinssent	tiens tenons tenez	注 **venir** 21 と同型, ただし, 助動詞は avoir.

不定法 現在分詞 過去分詞	直 説 法			
	現　　在	半過去	単純過去	単純未来
21. venir *venant* *venu*	je viens tu viens il vient n. venons v. venez ils viennent	je venais tu venais il venait n. venions v. veniez ils venaient	je vins tu vins il vint n. vînmes v. vîntes ils vinrent	je **viendrai** tu **viendras** il **viendra** n. **viendrons** v. **viendrez** ils **viendront**
22. accueillir *accueillant* *accueilli*	j' **accueille** tu **accueilles** il **accueille** n. accueillons v. accueillez ils accueillent	j' accueillais tu accueillais il accueillait n. accueillions v. accueilliez ils accueillaient	j' accueillis tu accueillis il accueillit n. accueillîmes v. accueillîtes ils accueillirent	j' **accueillerai** tu **accueilleras** il **accueillera** n. **accueillerons** v. **accueillerez** ils **accueilleront**
23. ouvrir *ouvrant* *ouvert*	j' **ouvre** tu **ouvres** il **ouvre** n. ouvrons v. ouvrez ils ouvrent	j' ouvrais tu ouvrais il ouvrait n. ouvrions v. ouvriez ils ouvraient	j' ouvris tu ouvris il ouvrit n. ouvrîmes v. ouvrîtes ils ouvrirent	j' ouvrirai tu ouvriras il ouvrira n. ouvrirons v. ouvrirez ils ouvriront
24. courir *courant* *couru*	je cours tu cours il court n. courons v. courez ils courent	je courais tu courais il courait n. courions v. couriez ils couraient	je courus tu courus il courut n. courûmes v. courûtes ils coururent	je **courrai** tu **courras** il **courra** n. **courrons** v. **courrez** ils **courront**
25. mourir *mourant* *mort*	je meurs tu meurs il meurt n. mourons v. mourez ils meurent	je mourais tu mourais il mourait n. mourions v. mouriez ils mouraient	je mourus tu mourus il mourut n. mourûmes v. mourûtes ils moururent	je **mourrai** tu **mourras** il **mourra** n. **mourrons** v. **mourrez** ils **mourront**
26. acquérir *acquérant* *acquis*	j' acquiers tu acquiers il acquiert n. acquérons v. acquérez ils acquièrent	j' acquérais tu acquérais il acquérait n. acquérions v. acquériez ils acquéraient	j' acquis tu acquis il acquit n. acquîmes v. acquîtes ils acquirent	j' **acquerrai** tu **acquerras** il **acquerra** n. **acquerrons** v. **acquerrez** ils **acquerront**
27. fuir *fuyant* *fui*	je fuis tu fuis il fuit n. fuyons v. fuyez ils fuient	je fuyais tu fuyais il fuyait n. fuyions v. fuyiez ils fuyaient	je fuis tu fuis il fuit n. fuîmes v. fuîtes ils fuirent	je fuirai tu fuiras il fuira n. fuirons v. fuirez ils fuiront

条件法	接続法		命令法	同型
現在	現在	半過去		
je viendrais tu viendrais il viendrait n. viendrions v. viendriez ils viendraient	je vienne tu viennes il vienne n. venions v. veniez ils viennent	je vinsse tu vinsses il vînt n. vinssions v. vinssiez ils vinssent	viens venons venez	注 助動詞は être. **devenir** **intervenir** **prévenir** **revenir** **(se) souvenir**
j' accueillerais tu accueillerais il accueillerait n. accueillerions v. accueilleriez ils accueilleraient	j' accueille tu accueilles il accueille n. accueillions v. accueilliez ils accueillent	j' accueillisse tu accueillisses il accueillît n. accueillissions v. accueillissiez ils accueillissent	**accueille** accueillons accueillez	**cueillir**
j' ouvrirais tu ouvrirais il ouvrirait n. ouvririons v. ouvririez ils ouvriraient	j' ouvre tu ouvres il ouvre n. ouvrions v. ouvriez ils ouvrent	j' ouvrisse tu ouvrisses il ouvrît n. ouvrissions v. ouvrissiez ils ouvrissent	**ouvre** ouvrons ouvrez	**couvrir** **découvrir** **offrir** **souffrir**
je courrais tu courrais il courrait n. courrions v. courriez ils courraient	je coure tu coures il coure n. courions v. couriez ils courent	je courusse tu courusses il courût n. courussions v. courussiez ils courussent	cours courons courez	**accourir**
je mourrais tu mourrais il mourrait n. mourrions v. mourriez ils mourraient	je meure tu meures il meure n. mourions v. mouriez ils meurent	je mourusse tu mourusses il mourût n. mourussions v. mourussiez ils mourussent	meurs mourons mourez	注 助動詞は être.
j' acquerrais tu acquerrais il acquerrait n. acquerrions v. acquerriez ils acquerraient	j' acquière tu acquières il acquière n. acquérions v. acquériez ils acquièrent	j' acquisse tu acquisses il acquît n. acquissions v. acquissiez ils acquissent	acquiers acquérons acquérez	**conquérir**
je fuirais tu fuirais il fuirait n. fuirions v. fuiriez ils fuiraient	je fuie tu fuies il fuie n. fuyions v. fuyiez ils fuient	je fuisse tu fuisses il fuît n. fuissions v. fuissiez ils fuissent	fuis fuyons fuyez	**s'enfuir**

不定法 現在分詞 過去分詞	直説法			
	現在	半過去	単純過去	単純未来
28. rendre *rendant* *rendu*	je rends tu rends il **rend** n. rendons v. rendez ils rendent	je rendais tu rendais il rendait n. rendions v. rendiez ils rendaient	je rendis tu rendis il rendit n. rendîmes v. rendîtes ils rendirent	je rendrai tu rendras il rendra n. rendrons v. rendrez ils rendront
29. prendre *prenant* *pris*	je prends tu prends il **prend** n. prenons v. prenez ils prennent	je prenais tu prenais il prenait n. prenions v. preniez ils prenaient	je pris tu pris il prit n. prîmes v. prîtes ils prirent	je prendrai tu prendras il prendra n. prendrons v. prendrez ils prendront
30. craindre *craignant* *craint*	je crains tu crains il craint n. craignons v. craignez ils craignent	je craignais tu craignais il craignait n. craignions v. craigniez ils craignaient	je craignis tu craignis il craignit n. craignîmes v. craignîtes ils craignirent	je craindrai tu craindras il craindra n. craindrons v. craindrez ils craindront
31. faire *faisant* *fait*	je fais tu fais il fait n. faisons v. **faites** ils **font**	je faisais tu faisais il faisait n. faisions v. faisiez ils faisaient	je fis tu fis il fit n. fîmes v. fîtes ils firent	je **ferai** tu **feras** il **fera** n. **ferons** v. **ferez** ils **feront**
32. dire *disant* *dit*	je dis tu dis il dit n. disons v. **dites** ils disent	je disais tu disais il disait n. disions v. disiez ils disaient	je dis tu dis il dit n. dîmes v. dîtes ils dirent	je dirai tu diras il dira n. dirons v. direz ils diront
33. lire *lisant* *lu*	je lis tu lis il lit n. lisons v. lisez ils lisent	je lisais tu lisais il lisait n. lisions v. lisiez ils lisaient	je lus tu lus il lut n. lûmes v. lûtes ils lurent	je lirai tu liras il lira n. lirons v. lirez ils liront
34. suffire *suffisant* *suffi*	je suffis tu suffis il suffit n. suffisons v. suffisez ils suffisent	je suffisais tu suffisais il suffisait n. suffisions v. suffisiez ils suffisaient	je suffis tu suffis il suffit n. suffîmes v. suffîtes ils suffirent	je suffirai tu suffiras il suffira n. suffirons v. suffirez ils suffiront

条件法	接続法		命令法	同型
現在	現在	半過去		
je rendrais tu rendrais il rendrait n. rendrions v. rendriez ils rendraient	je rende tu rendes il rende n. rendions v. rendiez ils rendent	je rendisse tu rendisses il rendît n. rendissions v. rendissiez ils rendissent	rends rendons rendez	**attendre descendre entendre pendre perdre répandre répondre vendre**
je prendrais tu prendrais il prendrait n. prendrions v. prendriez ils prendraient	je prenne tu prennes il prenne n. prenions v. preniez ils prennent	je prisse tu prisses il prît n. prissions v. prissiez ils prissent	prends prenons prenez	**apprendre comprendre entreprendre reprendre surprendre**
je craindrais tu craindrais il craindrait n. craindrions v. craindriez ils craindraient	je craigne tu craignes il craigne n. craignions v. craigniez ils craignent	je craignisse tu craignisses il craignît n. craignissions v. craignissiez ils craignissent	crains craignons craignez	**atteindre éteindre joindre peindre plaindre**
je ferais tu ferais il ferait n. ferions v. feriez ils feraient	je **fasse** tu **fasses** il **fasse** n. **fassions** v. **fassiez** ils **fassent**	je fisse tu fisses il fît n. fissions v. fissiez ils fissent	fais faisons **faites**	**défaire refaire satisfaire** 注fais-[f(ə)z-]
je dirais tu dirais il dirait n. dirions v. diriez ils diraient	je dise tu dises il dise n. disions v. disiez ils disent	je disse tu disses il dît n. dissions v. dissiez ils dissent	dis disons **dites**	**redire**
je lirais tu lirais il lirait n. lirions v. liriez ils liraient	je lise tu lises il lise n. lisions v. lisiez ils lisent	je lusse tu lusses il lût n. lussions v. lussiez ils lussent	lis lisons lisez	**relire élire**
je suffirais tu suffirais il suffirait n. suffirions v. suffiriez ils suffiraient	je suffise tu suffises il suffise n. suffisions v. suffisiez ils suffisent	je suffisse tu suffisses il suffît n. suffissions v. suffissiez ils suffissent	suffis suffisons suffisez	

不定法 現在分詞 過去分詞	直　説　法			
	現　在	半過去	単純過去	単純未来
35. conduire *conduisant* *conduit*	je conduis tu conduis il conduit n. conduisons v. conduisez ils conduisent	je conduisais tu conduisais il conduisait n. conduisions v. conduisiez ils conduisaient	je conduisis tu conduisis il conduisit n. conduisîmes v. conduisîtes ils conduisirent	je conduirai tu conduiras il conduira n. conduirons v. conduirez ils conduiront
36. plaire *plaisant* *plu*	je plais tu plais il **plaît** n. plaisons v. plaisez ils plaisent	je plaisais tu plaisais il plaisait n. plaisions v. plaisiez ils plaisaient	je plus tu plus il plut n. plûmes v. plûtes ils plurent	je plairai tu plairas il plaira n. plairons v. plairez ils plairont
37. coudre *cousant* *cousu*	je couds tu couds il coud n. cousons v. cousez ils cousent	je cousais tu cousais il cousait n. cousions v. cousiez ils cousaient	je cousis tu cousis il cousit n. cousîmes v. cousîtes ils cousirent	je coudrai tu coudras il coudra n. coudrons v. coudrez ils coudront
38. suivre *suivant* *suivi*	je suis tu suis il suit n. suivons v. suivez ils suivent	je suivais tu suivais il suivait n. suivions v. suiviez ils suivaient	je suivis tu suivis il suivit n. suivîmes v. suivîtes ils suivirent	je suivrai tu suivras il suivra n. suivrons v. suivrez ils suivront
39. vivre *vivant* *vécu*	je vis tu vis il vit n. vivons v. vivez ils vivent	je vivais tu vivais il vivait n. vivions v. viviez ils vivaient	je vécus tu vécus il vécut n. vécûmes v. vécûtes ils vécurent	je vivrai tu vivras il vivra n. vivrons v. vivrez ils vivront
40. écrire *écrivant* *écrit*	j' écris tu écris il écrit n. écrivons v. écrivez ils écrivent	j' écrivais tu écrivais il écrivait n. écrivions v. écriviez ils écrivaient	j' écrivis tu écrivis il écrivit n. écrivîmes v. écrivîtes ils écrivirent	j' écrirai tu écriras il écrira n. écrirons v. écrirez ils écriront
41. boire *buvant* *bu*	je bois tu bois il boit n. buvons v. buvez ils boivent	je buvais tu buvais il buvait n. buvions v. buviez ils buvaient	je bus tu bus il but n. bûmes v. bûtes ils burent	je boirai tu boiras il boira n. boirons v. boirez ils boiront

条件法	接続法		命令法	同型
現在	現在	半過去		
je conduirais tu conduirais il conduirait n. conduirions v. conduiriez ils conduiraient	je conduise tu conduises il conduise n. conduisions v. conduisiez ils conduisent	je conduisisse tu conduisisses il conduisît n. conduisissions v. conduisissiez ils conduisissent	conduis conduisons conduisez	**construire** **cuire** **détruire** **instruire** **introduire** **produire** **traduire**
je plairais tu plairais il plairait n. plairions v. plairiez ils plairaient	je plaise tu plaises il plaise n. plaisions v. plaisiez ils plaisent	je plusse tu plusses il plût n. plussions v. plussiez ils plussent	plais plaisons plaisez	**déplaire** **(se) taire** （ただし il se tait）
je coudrais tu coudrais il coudrait n. coudrions v. coudriez ils coudraient	je couse tu couses il couse n. cousions v. cousiez ils cousent	je cousisse tu cousisses il cousît n. cousissions v. cousissiez ils cousissent	couds cousons cousez	
je suivrais tu suivrais il suivrait n. suivrions v. suivriez ils suivraient	je suive tu suives il suive n. suivions v. suiviez ils suivent	je suivisse tu suivisses il suivît n. suivissions v. suivissiez ils suivissent	suis suivons suivez	**poursuivre**
je vivrais tu vivrais il vivrait n. vivrions v. vivriez ils vivraient	je vive tu vives il vive n. vivions v. viviez ils vivent	je vécusse tu vécusses il vécût n. vécussions v. vécussiez ils vécussent	vis vivons vivez	
j' écrirais tu écrirais il écrirait n. écririons v. écririez ils écriraient	j' écrive tu écrives il écrive n. écrivions v. écriviez ils écrivent	j' écrivisse tu écrivisses il écrivît n. écrivissions v. écrivissiez ils écrivissent	écris écrivons écrivez	**décrire** **inscrire**
je boirais tu boirais il boirait n. boirions v. boiriez ils boiraient	je boive tu boives il boive n. buvions v. buviez ils boivent	je busse tu busses il bût n. bussions v. bussiez ils bussent	bois buvons buvez	

不定法 現在分詞 過去分詞	直 説 法			
	現　在	半過去	単純過去	単純未来
42. résoudre *résolvant* *résolu*	je résous tu résous il résout n. résolvons v. résolvez ils résolvent	je résolvais tu résolvais il résolvait n. résolvions v. résolviez ils résolvaient	je résolus tu résolus il résolut n. résolûmes v. résolûtes ils résolurent	je résoudrai tu résoudras il résoudra n. résoudrons v. résoudrez ils résoudront
43. connaître *connaissant* *connu*	je connais tu connais il **connaît** n. connaissons v. connaissez ils connaissent	je connaissais tu connaissais il connaissait n. connaissions v. connaissiez ils connaissaient	je connus tu connus il connut n. connûmes v. connûtes ils connurent	je connaîtrai tu connaîtras il connaîtra n. connaîtrons v. connaîtrez ils connaîtront
44. naître *naissant* *né*	je nais tu nais il **naît** n. naissons v. naissez ils naissent	je naissais tu naissais il naissait n. naissions v. naissiez ils naissaient	je naquis tu naquis il naquit n. naquîmes v. naquîtes ils naquirent	je naîtrai tu naîtras il naîtra n. naîtrons v. naîtrez ils naîtront
45. croire *croyant* *cru*	je crois tu crois il croit n. croyons v. croyez ils croient	je croyais tu croyais il croyait n. croyions v. croyiez ils croyaient	je crus tu crus il crut n. crûmes v. crûtes ils crurent	je croirai tu croiras il croira n. croirons v. croirez ils croiront
46. battre *battant* *battu*	je bats tu bats il **bat** n. battons v. battez ils battent	je battais tu battais il battait n. battions v. battiez ils battaient	je battis tu battis il battit n. battîmes v. battîtes ils battirent	je battrai tu battras il battra n. battrons v. battrez ils battront
47. mettre *mettant* *mis*	je mets tu mets il **met** n. mettons v. mettez ils mettent	je mettais tu mettais il mettait n. mettions v. mettiez ils mettaient	je mis tu mis il mit n. mîmes v. mîtes ils mirent	je mettrai tu mettras il mettra n. mettrons v. mettrez ils mettront
48. rire *riant* *ri*	je ris tu ris il rit n. rions v. riez ils rient	je riais tu riais il riait n. riions v. riiez ils riaient	je ris tu ris il rit n. rîmes v. rîtes ils rirent	je rirai tu riras il rira n. rirons v. rirez ils riront

条件法	接続法		命令法	同型
現在	現在	半過去		
je résoudrais tu résoudrais il résoudrait n. résoudrions v. résoudriez ils résoudraient	je résolve tu résolves il résolve n. résolvions v. résolviez ils résolvent	je résolusse tu résolusses il résolût n. résolussions v. résolussiez ils résolussent	résous résolvons résolvez	
je connaîtrais tu connaîtrais il connaîtrait n. connaîtrions v. connaîtriez ils connaîtraient	je connaisse tu connaisses il connaisse n. connaissions v. connaissiez ils connaissent	je connusse tu connusses il connût n. connussions v. connussiez ils connussent	connais connaissons connaissez	注 t の前にくるとき i→î. **apparaître** **disparaître** **paraître** **reconnaître**
je naîtrais tu naîtrais il naîtrait n. naîtrions v. naîtriez ils naîtraient	je naisse tu naisses il naisse n. naissions v. naissiez ils naissent	je naquisse tu naquisses il naquît n. naquissions v. naquissiez ils naquissent	nais naissons naissez	注 t の前にくるとき i→î. 助動詞はêtre.
je croirais tu croirais il croirait n. croirions v. croiriez ils croiraient	je croie tu croies il croie n. croyions v. croyiez ils croient	je crusse tu crusses il crût n. crussions v. crussiez ils crussent	crois croyons croyez	
je battrais tu battrais il battrait n. battrions v. battriez ils battraient	je batte tu battes il batte n. battions v. battiez ils battent	je battisse tu battisses il battît n. battissions v. battissiez ils battissent	bats battons battez	**abattre** **combattre**
je mettrais tu mettrais il mettrait n. mettrions v. mettriez ils mettraient	je mette tu mettes il mette n. mettions v. mettiez ils mettent	je misse tu misses il mît n. missions v. missiez ils missent	mets mettons mettez	**admettre** **commettre** **permettre** **promettre** **remettre**
je rirais tu rirais il rirait n. ririons v. ririez ils riraient	je rie tu ries il rie n. riions v. riiez ils rient	je risse tu risses il rît n. rissions v. rissiez ils rissent	ris rions riez	**sourire**

不定法 現在分詞 過去分詞	直　説　法			
	現　　在	半　過　去	単純過去	単純未来
49. conclure *concluant* *conclu*	je conclus tu conclus il conclut n. concluons v. concluez ils concluent	je concluais tu concluais il concluait n. concluions v. concluiez ils concluaient	je conclus tu conclus il conclut n. conclûmes v. conclûtes ils conclurent	je conclurai tu concluras il conclura n. conclurons v. conclurez ils concluront
50. rompre *rompant* *rompu*	je romps tu romps il rompt n. rompons v. rompez ils rompent	je rompais tu rompais il rompait n. rompions v. rompiez ils rompaient	je rompis tu rompis il rompit n. rompîmes v. rompîtes ils rompirent	je romprai tu rompras il rompra n. romprons v. romprez ils rompront
51. vaincre *vainquant* *vaincu*	je vaincs tu vaincs il **vainc** n. vainquons v. vainquez ils vainquent	je vainquais tu vainquais il vainquait n. vainquions v. vainquiez ils vainquaient	je vainquis tu vainquis il vainquit n. vainquîmes v. vainquîtes ils vainquirent	je vaincrai tu vaincras il vaincra n. vaincrons v. vaincrez ils vaincront
52. recevoir *recevant* *reçu*	je reçois tu reçois il reçoit n. recevons v. recevez ils reçoivent	je recevais tu recevais il recevait n. recevions v. receviez ils recevaient	je reçus tu reçus il reçut n. reçûmes v. reçûtes ils reçurent	je **recevrai** tu **recevras** il **recevra** n. **recevrons** v. **recevrez** ils **recevront**
53. devoir *devant* *dû* (due, dus, dues)	je dois tu dois il doit n. devons v. devez ils doivent	je devais tu devais il devait n. devions v. deviez ils devaient	je dus tu dus il dut n. dûmes v. dûtes ils durent	je **devrai** tu **devras** il **devra** n. **devrons** v. **devrez** ils **devront**
54. pouvoir *pouvant* *pu*	je **peux (puis)** tu **peux** il peut n. pouvons v. pouvez ils peuvent	je pouvais tu pouvais il pouvait n. pouvions v. pouviez ils pouvaient	je pus tu pus il put n. pûmes v. pûtes ils purent	je **pourrai** tu **pourras** il **pourra** n. **pourrons** v. **pourrez** ils **pourront**
55. émouvoir *émouvant* *ému*	j' émeus tu émeus il émeut n. émouvons v. émouvez ils émeuvent	j' émouvais tu émouvais il émouvait n. émouvions v. émouviez ils émouvaient	j' émus tu émus il émut n. émûmes v. émûtes ils émurent	j' **émouvrai** tu **émouvras** il **émouvra** n. **émouvrons** v. **émouvrez** ils **émouvront**

条件法	接続法		命令法	同型
現在	現在	半過去		
je conclurais tu conclurais il conclurait n. conclurions v. concluriez ils concluraient	je conclue tu conclues il conclue n. concluions v. concluiez ils concluent	je conclusse tu conclusses il conclût n. conclussions v. conclussiez ils conclussent	conclus concluons concluez	
je romprais tu romprais il romprait n. romprions v. rompriez ils rompraient	je rompe tu rompes il rompe n. rompions v. rompiez ils rompent	je rompisse tu rompisses il rompît n. rompissions v. rompissiez ils rompissent	romps rompons rompez	**interrompre**
je vaincrais tu vaincrais il vaincrait n. vaincrions v. vaincriez ils vaincraient	je vainque tu vainques il vainque n. vainquions v. vainquiez ils vainquent	je vainquisse tu vainquisses il vainquît n. vainquissions v. vainquissiez ils vainquissent	vaincs vainquons vainquez	**convaincre**
je recevrais tu recevrais il recevrait n. recevrions v. recevriez ils recevraient	je reçoive tu reçoives il reçoive n. recevions v. receviez ils reçoivent	je reçusse tu reçusses il reçût n. reçussions v. reçussiez ils reçussent	reçois recevons recevez	**apercevoir** **concevoir**
je devrais tu devrais il devrait n. devrions v. devriez ils devraient	je doive tu doives il doive n. devions v. deviez ils doivent	je dusse tu dusses il dût n. dussions v. dussiez ils dussent	dois devons devez	注 命令法はほとんど用いられない.
je pourrais tu pourrais il pourrait n. pourrions v. pourriez ils pourraient	je **puisse** tu **puisses** il **puisse** n. **puissions** v. **puissiez** ils **puissent**	je pusse tu pusses il pût n. pussions v. pussiez ils pussent		注 命令法はない.
j' émouvrais tu émouvrais il émouvrait n. émouvrions v. émouvriez ils émouvraient	j' émeuve tu émeuves il émeuve n. émouvions v. émouviez ils émeuvent	j' émusse tu émusses il émût n. émussions v. émussiez ils émussent	émeus émouvons émouvez	**mouvoir** ただし過去分詞は mû (mue, mus, mues)

不定法 現在分詞 過去分詞	直 説 法			
	現　在	半過去	単純過去	単純未来
56. savoir *sachant* *su*	je sais tu sais il sait n. savons v. savez ils savent	je savais tu savais il savait n. savions v. saviez ils savaient	je sus tu sus il sut n. sûmes v. sûtes ils surent	je **saurai** tu **sauras** il **saura** n. **saurons** v. **saurez** ils **sauront**
57. voir *voyant* *vu*	je vois tu vois il voit n. voyons v. voyez ils voient	je voyais tu voyais il voyait n. voyions v. voyiez ils voyaient	je vis tu vis il vit n. vîmes v. vîtes ils virent	je **verrai** tu **verras** il **verra** n. **verrons** v. **verrez** ils **verront**
58. vouloir *voulant* *voulu*	je **veux** tu **veux** il veut n. voulons v. voulez ils veulent	je voulais tu voulais il voulait n. voulions v. vouliez ils voulaient	je voulus tu voulus il voulut n. voulûmes v. voulûtes ils voulurent	je **voudrai** tu **voudras** il **voudra** n. **voudrons** v. **voudrez** ils **voudront**
59. valoir *valant* *valu*	je **vaux** tu **vaux** il vaut n. valons v. valez ils valent	je valais tu valais il valait n. valions v. valiez ils valaient	je valus tu valus il valut n. valûmes v. valûtes ils valurent	je **vaudrai** tu **vaudras** il **vaudra** n. **vaudrons** v. **vaudrez** ils **vaudront**
60. s'asseoir *s'asseyant*[1] *assis*	je m'assieds[1] tu t'assieds il **s'assied** n. n. asseyons v. v. asseyez ils s'asseyent	je m'asseyais[1] tu t'asseyais il s'asseyait n. n. asseyions v. v. asseyiez ils s'asseyaient	je m'assis tu t'assis il s'assit n. n. assîmes v. v. assîtes ils s'assirent	je m'**assiérai**[1] tu t'**assiéras** il s'**assiéra** n. n. **assiérons** v. v. **assiérez** ils s'**assiéront**
s'assoyant[2]	je m'assois[2] tu t'assois il s'assoit n. n. assoyons v. v. assoyez ils s'assoient	je m'assoyais[2] tu t'assoyais il s'assoyait n. n. assoyions v. v. assoyiez ils s'assoyaient		je m'**assoirai**[2] tu t'**assoiras** il s'**assoira** n. n. **assoirons** v. v. **assoirez** ils s'**assoiront**
61. pleuvoir *pleuvant* *plu*	il pleut	il pleuvait	il plut	il **pleuvra**
62. falloir *fallu*	il faut	il fallait	il fallut	il **faudra**

条件法	接続法		命令法	同型
現在	現在	半過去		
je saurais tu saurais il saurait n. saurions v. sauriez ils sauraient	je **sache** tu **saches** il **sache** n. **sachions** v. **sachiez** ils **sachent**	je susse tu susses il sût n. sussions v. sussiez ils sussent	**sache** **sachons** **sachez**	
je verrais tu verrais il verrait n. verrions v. verriez ils verraient	je voie tu voies il voie n. voyions v. voyiez ils voient	je visse tu visses il vît n. vissions v. vissiez ils vissent	vois voyons voyez	**revoir**
je voudrais tu voudrais il voudrait n. voudrions v. voudriez ils voudraient	je **veuille** tu **veuilles** il **veuille** n. voulions v. vouliez ils **veuillent**	je voulusse tu voulusses il voulût n. voulussions v. voulussiez ils voulussent	**veuille** **veuillons** **veuillez**	
je vaudrais tu vaudrais il vaudrait n. vaudrions v. vaudriez ils vaudraient	je **vaille** tu **vailles** il **vaille** n. valions v. valiez ils **vaillent**	je valusse tu valusses il valût n. valussions v. valussiez ils valussent		注命令法はほとんど用いられない.
je m'assiérais[1] tu t'assiérais il s'assiérait n. n. assiérions v. v. assiériez ils s'assiéraient	je m'asseye[1] tu t'asseyes il s'asseye n. n. asseyions v. v. asseyiez ils s'asseyent	j' m'assisse tu t'assisses il s'assît n. n. assissions v. v. assissiez ils s'assissent	assieds-toi[1] asseyons-nous asseyez-vous	注時称により2種の活用があるが, (1)は古来の活用で, (2)は俗語調である. (1)の方が多く使われる.
je m'assoirais[2] tu t'assoirais il s'assoirait n. n. assoirions v. v. assoiriez ils s'assoiraient	je m'assoie[2] tu t'assoies il s'assoie n. n. assoyions v. v. assoyiez ils s'assoient		assois-toi[2] assoyons-nous assoyez-vous	
il pleuvrait	il pleuve	il plût		注命令法はない.
il faudrait	il **faille**	il fallût		注命令法・現在分詞はない.

NUMÉRAUX(数詞)

CARDINAUX(基数)	ORDINAUX(序数)	CARDINAUX	ORDINAUX
1 un, une	premier (première)	90 quatre-vingt-dix	quatre-vingt-dixième
2 deux	deuxième, second(e)	91 quatre-vingt-onze	quatre-vingt-onzième
3 trois	troisième	92 quatre-vingt-douze	quatre-vingt-douzième
4 quatre	quatrième	**100 cent**	**centième**
5 cinq	cinquième	101 cent un	cent (et) unième
6 six	sixième	102 cent deux	cent deuxième
7 sept	septième	110 cent dix	cent dixième
8 huit	huitième	120 cent vingt	cent vingtième
9 neuf	neuvième	130 cent trente	cent trentième
10 dix	**dixième**	140 cent quarante	cent quarantième
11 onze	onzième	150 cent cinquante	cent cinquantième
12 douze	douzième	160 cent soixante	cent soixantième
13 treize	treizième	170 cent soixante-dix	cent soixante-dixième
14 quatorze	quatorzième	180 cent quatre-vingts	cent quatre-vingtième
15 quinze	quinzième	190 cent quatre-vingt-dix	cent quatre-vingt-dixième
16 seize	seizième	**200 deux cents**	**deux centième**
17 dix-sept	dix-septième	201 deux cent un	deux cent unième
18 dix-huit	dix-huitième	202 deux cent deux	deux cent deuxième
19 dix-neuf	dix-neuvième	**300 trois cents**	**trois centième**
20 vingt	**vingtième**	301 trois cent un	trois cent unième
21 vingt et un	vingt et unième	302 trois cent deux	trois cent deuxième
22 vingt-deux	vingt-deuxième	**400 quatre cents**	**quatre centième**
23 vingt-trois	vingt-troisième	401 quatre cent un	quatre cent unième
30 trente	**trentième**	402 quatre cent deux	quatre cent deuxième
31 trente et un	trente et unième	**500 cinq cents**	**cinq centième**
32 trente-deux	trente-deuxième	501 cinq cent un	cinq cent unième
40 quarante	**quarantième**	502 cinq cent deux	cinq cent deuxième
41 quarante et un	quarante et unième	**600 six cents**	**six centième**
42 quarante-deux	quarante-deuxième	601 six cent un	six cent unième
50 cinquante	**cinquantième**	602 six cent deux	six cent deuxième
51 cinquante et un	cinquante et unième	**700 sept cents**	**sept centième**
52 cinquante-deux	cinquante-deuxième	701 sept cent un	sept cent unième
60 soixante	**soixantième**	702 sept cent deux	sept cent deuxième
61 soixante et un	soixante et unième	**800 huit cents**	**huit centième**
62 soixante-deux	soixante-deuxième	801 huit cent un	huit cent unième
70 soixante-dix	**soixante-dixième**	802 huit cent deux	huit cent deuxième
71 soixante et onze	soixante et onzième	**900 neuf cents**	**neuf centième**
72 soixante-douze	soixante-douzième	901 neuf cent un	neuf cent unième
80 quatre-vingts	**quatre-vingtième**	902 neuf cent deux	neuf cent deuxième
81 quatre-vingt-un	quatre-vingt-unième	**1000 mille**	**millième**
82 quatre-vingt-deux	quatre-vingt-deuxième		

1 000 000 | un million | millionième ‖ **1 000 000 000** | un milliard | milliardième

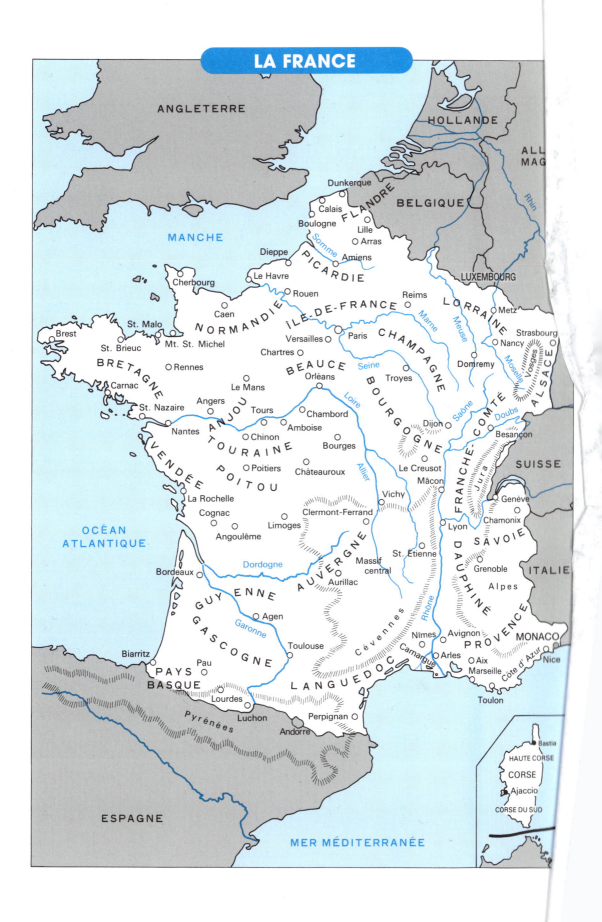